新装版

役行者伝記集成

銭谷武平

東方出版

まえがき

日本で現在唯一の女人禁制の山として知られているのが、通称「大峯山《おおみねざん》」とよばれている山《さん》上《じょう》ケ岳であります。飛鳥時代の昔、修験道の開祖役行者《えんのぎょうじゃ》が開いた霊山として知られ、今もなお大峰山寺の戸が開くと、年間十数万の登山者が閉山の秋までつづきます。

役行者は、飛鳥時代すなわち舒明《じょめい》年間（六二九～六四二）に生まれ、天智・天武・持統・文武天皇（六六二～六九九）の時代に大和葛城を中心に呪術者として世評が高かった人物です。しかし、晩年に韓国《からくにの》連広足《むらじひろたり》という後に典薬頭《てんやくのかみ》になった人物から、世人を惑わす者として告訴され、伊豆大島に島流しの刑に処せられました。無実と判って帰国したとされていますが、その後、母を伴って昇天したとも、唐の国へ渡海して行ったとも伝えられています。

各地の山岳斗藪《とそう》に明け暮れて修行した彼の足跡を慕う者が跡を絶たず、修行する山伏の教義は修験道として発展しました。彼は修験道の開祖と仰がれ、寛政十一年（一七九九）に時の光格天皇（一七七一～一八四〇）から神変大菩薩《じんぺんだいぼさつ》の称号を贈られました。

しかしながら、役行者の生涯は飛鳥時代という遠いむかしのこと、長い年月の歴史に霞んでしまい、真実を探りうかがうことすらも容易ではなくなっています。

役行者について最も信頼できる正史の記録は、約千三百年前の『続日本紀《しょくにほんぎ》』にあるのが唯一のものです。役行者の生涯については、歴史や宗教あるいは文芸作品などの書物の中に、断片的あるいは長短さまざまの記述として散見されます。しかし、役行者の事績もさまざまで、場所、年月など明確に記載したものもありますが、超能力の発揮談などは幻想的な物語としては興味があっても、真実は全く不明であります。

役行者についての知見は、初期はむしろ断片的です。室町時代の末頃になって初めて修験道の開祖としての役行者の伝記が一冊の書物としてまとめられたのが出てきました。また、江戸時代にはすでに知られている役行者の事績についての批判がされて、考証を含めた行者伝が、修験道の先達らによって書かれるようになりました。これらの物語や伝承、伝記などの記録から取捨選択し、年月にしたがって事績を積み上げてゆくと役行者伝が著されるでしょう。このようなものに、『役行者本記』『役君形生記』や『役公徴業録』などがあります。すべて漢文で書かれ、また一般に目にふれる機会がきわめて少ない書物ですが、役行者伝としては重要なものです。

大峰山麓に生まれた宿縁から、「役行者のお陰」という言葉は物心ついた頃から聞かされました。この私にとって守護神のような役行者を、広く紹介したい願いからその事績を調査して、先に『役行者ものがたり』を出版しました。これに際して、役行者に関連する記録を集めることが、仕事の出発点であったのです。集録したものを読んでいると、役行者の風貌がさまざまに浮かび上がってきますが、それが果たして真実の姿であるか自身で迷わざるをえませんでした。

役行者の伝承も、仏教の興隆、修験道の発展とともに各時代によって次第に変わってきています。歴史家のさめた目、宗教家、特に役行者に対する修行僧の敬虔な目、縦横に思索を巡らせる作家の目と、立場によって役行者に対して違った見方をしています。

したがって、役行者伝には虚実入り交じって、もはや実像を見極めることはきわめて難しいことです。同じ伝記でも、読む人によって、目に浮かぶ行者像も様々でありましょう。多くの役行者伝を読むことによって、読者自身がそれぞれの役行者を想像してほしいと考えました。そこで、一応略伝・伝記として歴史書、仏書、文芸作品などから主なもの二〇編を選んで、なるべく現代風に書きかえて紹介することにしました。

これによって、役行者の真の姿を想像してほしいと考えました。また、ここにあげた伝記を奈良・平安・鎌倉から江戸時代へと時代を辿ることによって、行者伝が次第に修飾されて成立、変化してゆく過程も了解されることと思います。

この役行者伝記集によって行者の遺風を偲び、また山岳信仰や修験山伏修行の参考に少しでも役立ちますならば、私としての喜びであり、まことに有り難いことです。

まえがき

前編　役行者の略伝

後編　役行者伝記

凡　例

一、西暦年号は（　）で示した。また、干支による年号を省略した場合もある。
二、国名、仏名、経など現代式に代えるか簡略にした場合もある。支那―中国など。
三、原文中の補注は、〔　〕あるいは―　…　―で示し、また訳者の注は（　）で示した。
四、原文中の明らかに誤りとみとめられる場合、あるいは適当でないと判断した場合には書き換えをおこなった。

前編　役優婆塞の略伝

前鬼後鬼像（大峯山寺）

第一章　平安時代の略伝

一　『続日本紀』の役君小角

役行者についての最も古い記録は、『続日本紀《しょくにほんぎ》』の中にあります。日本の公式に編集して書かれた歴史の書物にある唯一のものです。わが国の最も古い歴史書は、『日本書紀』ですが、これに引き続いて書かれたのが『続日本紀』です。

この書物は、光仁天皇（七七〇～七八〇）の勅命によって、文武天皇から延暦十年（六九七～七九一）までの記録で延暦十六年（七九七）に完成しました。年代の順に記録された歴史書で、その内容に関しては高い信頼がおかれています。文武天皇の時代から始まるので、役行者の記録は初めの頃に書かれ、第一巻の第四十二代文武天皇三年（六九九）にあります。しかし、執筆の時期は役行者が亡くなってから約百年も後の頃と考えられます。

文武天皇三年（六九九）五月二十四日の記録と、その現代訳をあげます。

丁丑《ひのとうし》、役君《えのきみ》小角《をづの》伊豆島に流さる。初め小角葛木山《かづらきのやま》に住みて、呪術を以《もち》て称《ほ》めらる。外従《げ》五位下韓国連広足《からくにのむらじひろたり》が師なりき。後にその能を害《そこな》ひて、讒《しこ》づるに妖惑《えうわく》を以てせり。故《かれ》、遠き処に配さる。世相伝へて云はく、「小角能《よ》く鬼神《くいじん》を役使して、水を汲み薪《たきぎ》を採をしむ。若し命を用いずは、即ち呪を以て縛る」といふ。（青木和夫他校注『続日本紀』）

五月二十四日、役君小角伊豆島に配流した。はじめ小角は葛木山に住み、呪術をよく使うので有名であった。外従五位下韓国連広足は小角を師として仰いでいたが、のちに能力を害せられたので、妖術で人を惑わしていると讒言した。そのために小角は遠隔の地に配流されたのである。世間ではのちまでつぎのように伝えた。「小角は鬼神を使役して、水を汲ませたり薪を採らせたりすることができ、もし鬼神が言うことをきかなかったら、呪術で自由を束縛した」と。（直木孝次郎他訳注『続日本紀』）

文武天皇三年の五月二十四日は、西暦六九九年七月一日に当ります。おそらくまだ梅雨もあけぬ暑い時期であったでしょう。

役君小角は、役行者の氏姓名です。役は氏《うじ》に、君は公とも書いて姓《かばね》で、一般的には為政者の位の上の姓で、祭祇的に古い伝統をもつ例えば三輪君などに与えられていました。役行者は賀茂役君で葛城の祭司に関係がありました。小角は普通、「オズヌ」「オズノ」と呼ばれていますが、これが正しいという裏付けはないようで、「オスミ」「コスミ」ともよんでいます。役行者が住んでいた葛木山というのは、今の金剛・葛城山系のことです。当時は、金剛山という名称はなかったのです。

韓国連広足が役行者に師事した理由についてはいろいろの説があり、一つの謎とも考えられていますが、まだ若い青年時代のことです。

さて、本文にある「後害其能」は、後に役行者が能力をそこなったのか、あるいは広足自身が能力を害したのかはっきりしない。ここは、後に広足が小角の能力を害《ねた》みてと理解したい（原文は参考文献一）。

役行者を告訴した広足は、後の天平三年（七三一）に外従五位下を授けられました。したがって、役行者を告訴したのはまだ若い青年の頃であったと思われます。外従五位下の外というは、外位で当時の地方官などに授与されたもので五位が最高です。

韓国連広足は韓国という氏から朝鮮から渡来したとみなされがちですが、本来は当時の豪族である物部氏の系類で、物部韓国連広足とも記載されています。先祖が、武烈天皇の御代に三韓に使者として派遣され、功績があったので復命の日に韓国姓を賜ったと伝えられています。その頃の渡来人には、東漢など出身地を名乗った名称も多かったのです。韓国連の子孫が延暦十年（七九〇）に住地の高原と改姓したいと朝廷に願い出て許されています。韓国連広足は、天平四年（七三二）に律令制による初代の典薬頭に任命されました。

さて、役行者は「妖惑の罪」となっています。妖惑の罪は流刑です。伊豆は京を去ること七百七十里、伊豆の大島に遠流の刑になったのです。大島には、現在も行者窟があります。

この記録の内容の前半の部分は事実の記録です。しかし、後段の「世相伝テ云ク…」の話は、すでになかば伝説のような内容になっていたのです。

このように記録は、「役小角は葛木に住んで、不思議な呪術によつて鬼神を自由に駆使した。文武天皇三年に妖しい呪術で民衆を惑わした妖惑の罪によって伊豆大島に流された」ということに要約されます。

役行者に関する信頼される記録は、日本の正史に書かれたわずかこれだけのものです。しかし、後に書かれる役行者の伝記や説話は、ほとんどすべてこれを基本にしています。

二　『日本霊異記』の役優婆塞

『日本霊異記《にほんりょういき》』は、弘仁年間（八一〇～八二三）に薬師寺の僧景戒が書いたものです。この頃、空海が高野山を開き、また四国の讃岐に満濃池を作るなど活躍をしていたのです。

この本は日本で最初の仏教の説話集です。『続日本紀』よりも約二十年後に書かれていますが、説話自体は神護景雲二年（七六八）以降につくられたものであろうとされています。たいへんに興味がある多くの話が載せられています。

『日本霊異記』上巻の二十八にある「孔雀王の呪法を修持し不思議な威力を得て現に仙人となりて天に飛ぶ縁」の話です。

役の優婆塞は、賀茂の役公といい、今の高賀茂の朝臣の系類の出自であった。大和国の葛木の上郡茅原の村（現在の奈良県御所市茅原）の人で、生まれつき賢く、博学という点では郷里では第一人者であった。三宝すなわち仏法を信仰するのを業としていた。

いつも心に願っていたことは、五色の雲に乗って果てしの無い大空を飛びまわり、仙人の宮殿の中で、客人とともに遊んだり、一億年を経ても変わりのない仙人の世界の花園に寝て体力や気力を養うために霞を吸いたいということであった。

このために四十歳余りの年になってから、さらに巌窟の中に住んでいた。葛を身に付け衣とし、松を食べ、泉の清水に浴しては、欲の世界で汚れた垢をすすぎ落していた。

役の優婆塞は、「孔雀の呪法」を修得して、この呪法をほどこして不思議な験があるのを証することができ、また鬼神を自由自在に使役することができた。

ある時に、諸々の鬼神を誘い集めて、

葛城山（古代の葛木山系）　谷文晁『日本名山図示』より

「大和の国の金峯山と葛城の峯との間に橋を架け渡して、通行できるようにせよ」

と命じた。鬼達は、皆大変に嘆いて悲しんだ。

これは天皇が、藤原の宮で天下を治められていた時代のことである。

時に、葛城の一言主の大神は、心が狂って、

「役の優婆塞は、天皇を倒そうと計画をめぐらせている」といい役所に告訴した。そこで、天皇は、優婆塞を捕えよと勅命を下したが、験力があるのでたやすく捕えることができなかった。それ故に、彼の代りに母を捕えた。優婆塞は、母を自由にしたいために、自ら出てきて捕えられた。

役の優婆塞は、伊豆大島に流された。その時に、優婆塞の身は海上に浮かんで、陸地を歩くようであった。優婆塞の身は、万丈の高山にも登ることができる上に、空を飛ぶ様子は大空を羽ばたく鳳凰のようであった。

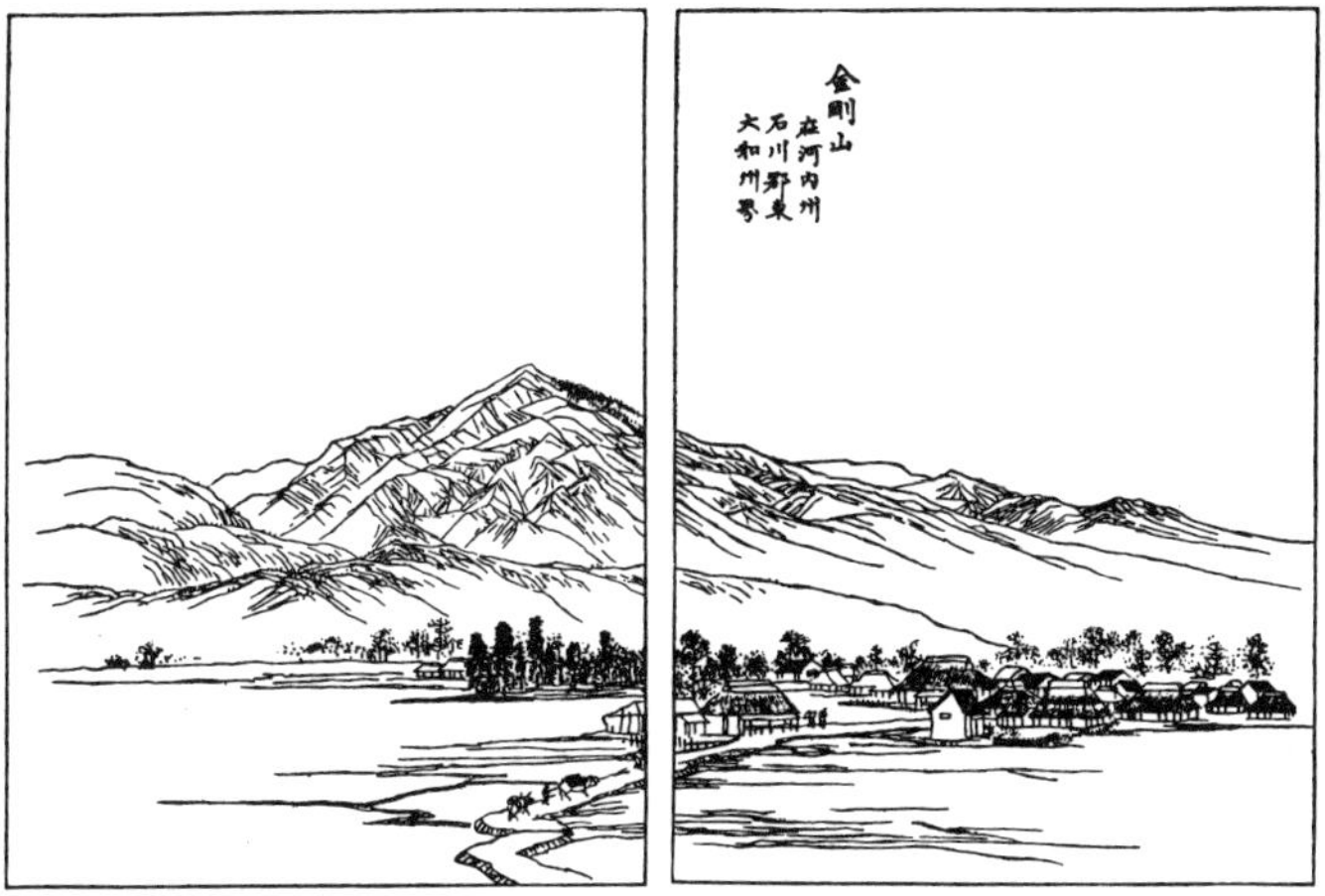

金剛山（古代の葛木山）　谷文晁『日本名山図示』より

昼は天皇の命令に従って島に居たが、夜になると駿河の国の富士の高嶺に往って修行をした。しかして、斧や鉞による極刑の罪を免れて朝廷に近付こうと願う故に、殺剣の刃に伏して、富士山に飛んだ。

この島に流されて、うれい悲しむ間に、三年になった。ここに慈悲の声があって、大宝元年辛丑（七〇一）になって、正月に天朝に近づき、遂に仙人になって天に飛び去った。

わが国の人、道昭法師は、天皇の命令を受けたまわって、大唐の国に行った。法師は五百の虎の請いを受けて、新羅の国に行き『法華経』を講義した。その時に、虎衆の中に一人の人がいて、日本語をもって質問してきた。

法師は「誰ですか」と問うと、「役の優婆塞」であると答えた。

法師は日本国の聖人であると思って、高座から降りて捜したが、すでに居なかった。

かの一言主の大神は、役行者に呪縛せられてから、今にいたるまで縛を解いて脱することもできずにいる。

役の優婆塞の珍しい験の証拠を示すことがあまりにも多数であって、一々これらを述べるのが厄介であるから省略することにした。誠に、仏法の験術は、広く大きいものであることを知る。仏法に帰依する人は必ず験の証明を得ることができるであろう。


役行者について書かれた最初の説話です。彼の呪術は、はじめて「孔雀の咒」とされ『孔雀明王経』の呪法として、災難危害の免除、後には降雨の祈願にもこの法が行われるようになります。『続日本紀』との大きな違いは、役行者を妬んで朝廷に告訴した韓国連広足のことについてはまったくふれていません。代りに葛城の一言主の神が告訴人になっています。この一言主神が、後々いろいろな説話や物語などに登場してきます。また、道昭和尚が、新羅の国で役行者に会う話が初めて出てきます。

この『日本霊異記』にある説話は、『続日本紀』の記録とともに、その後の役行者の伝記や説話の根幹になっています。

三　『本朝神仙伝』の役の優婆塞

平安時代の後期、大江匡房《まさふさ》は道教の神仙思想の影響を受けていました。彼は中国の神仙伝を参考にして日本の仙人を選び『本朝神仙伝《ほんちょうしんせんでん》』を著しました。匡房は、天永二年（一一〇九）に没しているから、それ以前に書かれたのです。これには三〇余人の神仙をあげています。仙人の特色は、まず長寿で若々しく、あるいは人の眼には行方がわからなくなったこと・昇天、飛行など天空飛昇能力があること・鬼神を呪縛、使役など超呪力をもつこと・深山に住み山中の原始生活を営むこと、および食物を絶ち仙薬を服用することです。これらの特色の二、三をかね備えた人が仙人になれるというのです。

日本の仙人として、一には倭　武　命《やまとたけるのみこと》、二には上宮太子《じょうぐうたいし》（聖徳太子）とし、つぎに［三、役優婆塞］をあげています。

役優婆塞は大和の人である。仏法を修行して、その神力にはかぎりがなかった。
昔、富士山の頂に登ったことがあり、後には吉野山に住んでいた。常に、葛木山に遊行して、その山の険しいのを好んでいた。

諸々の鬼神を使って、石橋を吉野山と葛木山の両方の山の上に造って渡ろうと欲していた。鬼神は皆、役優婆塞の呪力に応え、ようやくにして橋の基礎をつくった。

しかし、行者は性質が短気であって、毎日激しく責めたてた。

一言主の神は、容貌がはなはだ醜いので、

「顔形がはずかしいから、昼の間は橋をつくることができない」

と行者にいった。しかし行者は許そうとはしなかった。

そこで、一言主の神は託宣して、朝廷に、

「役優婆塞は、いままさに国家に謀叛をたくらんでいる」

と訴えた。朝廷では、その母を捕えたところ、役優婆塞は非常に孝行であったので、ついに自ら来て獄につながれた。後に、恩赦があって獄を出ることができた。

役優婆塞は、早速、一言主の神を縛って谷の底に置き去りにした。今、見ると葛が七回もまつわりついていた。一言主の神は、いろいろと方法をつくしたが、ついに解くことができなかった。

一言主の神が唸り叫ぶ声は、幾年も経っているけれども、いまだ絶えていない。

今も、その造った石は、吉野や葛城の山には各十枚余りも残っている。

その母の手を引き鉄の鉢に乗せ、海に浮んで去っていった。船の舵も用いず、何処に行ったか知られていない。

役行者鬼神を駆使して岩橋を架ける　『役行者御伝記図会』より

後に、わが国の僧道照が、高麗にいたって法を説いていたとき、法を聴く人々の中に和語（日本語）を話す者がいた。これは、役行者であった。行者が去ってから、ようやく百余年も経っていた。道照は大いに驚いて、座を下りて問い訊したところ、特に答えるところもなく、再び帰って来なかった。

この事は、都良香の『吉野山記』（この本は現存していないが地誌であろうという）にみえるが、今はそのあらましを記した。

この『神仙伝』四には、泰澄《たいちょう》がでてきますが、彼は若い頃、役行者にしたがって山城の愛宕山の天狗を修伏して、この山を開いたと伝えられています。泰澄は賀州の人で、世間では越の小大徳といわれていました。神験多端といわれ、遠い万里の地であっても、翼なしに一日で飛んでゆくことができました。吉野山に出かけて、一言主の結わえ付けを解こうと願い、試みにねんごろに加持をしたところ、三回目に早くも解けてしまいました。

ところが、暗闇の中から泰澄を叱る声が聞えて、蔓の結わえ付けは元のとおりになったそうです。泰澄が呪縛を解いたのを叱りつけた声の主は誰だったのでしょう。本には、書いてはいません。役行者であったか、それとも蔵王権現ではなかったのでしょうか。

四　『今昔物語集』の役優婆塞

『今昔《こんじゃく》物語《ものがたり》集』は平安時代末期の説話集です。その成立は鳥羽天皇の天永から保安（一一一〇～一一二四）の頃、すなわち白河法皇の院政の時期とみても、大きな誤りではないだろうといわれています。宇治大納言源隆国（一〇〇四～一〇七七）の『宇治大納言物語』を種本として『今昔物語集』に集大成したといわれ、説話文学としては、日本で最高のものとされています。

この頃には、すでに吉野の山にも法螺貝を吹きならす音が聞こえて、役行者の跡をしたう山林修行者たちが、大峰から熊野へ、あるいは熊野から大峰へと奥駈けをしていました。

藤原道長が大峰山に納経をして、金峯山への信仰が次第に高まってきていました。しかし、修験教団としては、まだ確立はしてはいませんでした。
第十一巻、第三に「役の優婆塞、呪を誦し持ちて鬼神をかること」があります。

今はむかし、本朝［文武］天皇の御代に役の優婆塞と申しあげる聖人がおいでになった。大和国葛上郡《かつらぎのかみのこほり》、茅原《ちはら》の村の人であった。俗姓は賀茂、役の氏。長年の間、葛木山に住み、藤の皮を着物とし、松の葉を食物として、四十余年、その山の洞窟に居た。清泉の水を浴びて心の垢を洗い清め、孔雀明王の呪を唱えていた。また、ある時は五色の雲に乗って仙人の洞《ほら》に通っていた。夜は、多くの鬼神を召し使って水を汲ませ薪を拾わせていた。それ故に、この優婆塞の命に服従しない者はいなかった。

ところで、金峯山の蔵王菩薩は、この優婆塞が行出《おこないだ》し奉り給うたのである。そこで、常に葛木山と金峯山との間を通われ給うていた。そのために、優婆塞は多くの鬼神を召し集めて、

「われが葛木山から金峯山に参る橋を作ってかけよ。われが通う道にする」

と仰せ給うた。

諸々の鬼神たちは、この命令を承って困ってしまった。しかし、優婆塞から受けた仕事の責任からのがれ難いのをしっていたので、大石を運び集めて準備をととのえて、早速橋をかけ始めた。しかるに、鬼神は優婆塞に向かい、われらは姿が極めて見苦しいから、夜々隠れてこの橋を作っ

役行者坐像（奈良大峯山寺）

てわたすと申して夜ごとに急いでつくっていた。

すると、優婆塞は葛木の一言主の神を召して、

「なんじは、何の恥ずかしいことがあって姿を隠すのか」

と言ってなじった。すると、

「それならば、とても橋を作ってわたせません」

という。優婆塞は、怒って呪によって縛って谷の底に置いた。

その後、一言主の神が都の人にのりうつって、

「役の優婆塞は、すでに計りごとをめぐらせて国を傾けようとしている」

と訴えた。天皇は、この事を聞いて驚き、役人を差し向けて優婆塞を召し捕えようとなされたが、空に飛び上って捕えられなかった。そこで、役人は優婆塞の母を捕えた。

優婆塞は、母が捕えられたのを見て、母の身代りになるために自首して捕えられた。天皇は罪を裁いて優婆塞を、伊豆の国の島に流した。優婆塞はそこにいて、海上に浮んで走ることは、陸の上で遊んでいるようであった。山の峯にいて、飛ぶことは鳥のようであった。昼の間は、朝廷

を恐れはばかって島の配所にいたが、夜には駿河の国の富士山に行って修行した。
ひたすら、この罪が許されることを願って祈っていた。三年たって、朝廷から優婆塞は無罪であると聞いて召し帰された。

この本では、金峯山の蔵王菩薩は役行者が祈った結果、現れ給うたのであると書いてあります。おそらく、役行者が蔵王菩薩を感得したという最初の記録と思われます。しかし、まだ蔵王権現とはしていないのです。

天平十九年（七四七）の大仏造営に際して、聖武天皇が良弁法師に、金峯の地は皆黄金だから金剛蔵王に祈って金をもらってくることを命じました。しかし、夢に金剛蔵王が現れて金を取るなと告げられた話があります。

また、寛平七年（八九五）、聖宝理源大師は金峯山に金剛蔵王菩薩をまつりましたが、彼は役行者以来、絶えていた大峰信仰を再開した中興の祖ともいわれています。

今昔物語の蔵王菩薩は、役行者が蔵王権現を感得した話の前段と考えられます。

五　『扶桑略記』の役公伝

平安時代の末期、平清盛が安芸の厳島神社に平家納経として『法華経』を奉納しました。その頃、延暦寺の僧、阿闍梨《あじゃり》皇円（?～一一六九）は、『扶桑略記《ふそうりゃくき》』を書いていました。この本には、神武天皇から堀河天皇の寛治八年（一〇九八）までの歴史が漢文で書いてあります。六国史・旧記・伝記・縁起類などを抄録して、年代の順に記録したものです。

『扶桑略記』第五、文武天皇三年五月二十四日の項は『日本霊異記』とほぼ同じ内容で省略します。文武天皇五年（大宝元年）正月には、「藤原朝臣不比等は中納言に任ぜられ即日に大納言に昇任した。同月に役君小角は勅命があって召し帰された」とあり、また『為憲《ためのり》記』にいうとして『三宝絵』と同じ内容が略記されています。改めて「役公伝云」として、つぎのように書かれています。

役優婆塞は、大和国葛上郡茅原郷の人である。今は姓を改めて高賀茂氏となっている。藤の皮を着て松葉を食物にし、花の汁を吸って身命を助け保っていた。三十余年の間、孔雀王咒を唱えて難行苦行をしたので、大きな験も自由自在にあらわすことができた。鬼神を追い集めて使役して、わが国では並ぶものがいなかった。

ある時、諸国の鬼神を召し集めて、金峯と葛木の峯に橋を渡して両山を通えるようにせよと命じた。その時、金峯の大神は行者の咒力に勝てないので橋を作り始めた。葛木の一言主の大神もまた、作り始めたが、自分は顔形がみにくいから夜中に作ると行者にいった。しかし、行者は一言主の明神に、昼も怠けているのに、夜中にだけ作るとはけしからん。早速、橋を作って渡せよと迫った。その時、一言主の神は、行者が迫った命令に勝つことができないので、役優婆塞が天皇の位を傾けようとしていると朝廷に讒言した。

朝廷では、一言主の神の託宣があったので、役人たちが行者を捕えようとして追いかけた。しかし、行者には呪験の力があるので、とても捕えることができなかった。そこで、行者の代りに母を捕えて、牢獄に投げ入れてしまった。その時、行者は母を助けるために、自分から牢獄の近くに出てきて、大きな声で自分の名を叫んで捕えられた。直ちに、行者は伊豆の大島に流された。行者は、昼の間は天皇の命令にしたがって島にいて母親に孝行をしたけれども、夜になると駿河の国の富士の峯に飛んで修行をした。

そうして、すでにかなりの年月を送っていた。流されたのは、藤原の宮の天皇（文武天皇）の御代、白鳳四十七年丁酉（六九七）の二月十日のことであった。

しかるに、その後、またもや一言主の神が託宣して、

「かの行者を、一刻も早く、すみやかに斬罪にせよ」

といった。ここにおいて朝廷では、斬るべしという一言主の神の言葉を信用して、天皇に奏上した。勅使が役行者を死刑にするために、伊豆大島に派遣された。白鳳五十六年（七〇六）十二月二十五日に、勅使は伊豆の大島に到着した。

勅使は行者を召し出し、刀を抜いて斬ろうとした。その時、行者は少しもさからわずに勅使の前に膝まずいて、一寸斬刀を貸してくれるように乞うた。

行者は刀を左右の肩・顔・背に三度ふれさせてから刀身を舌でなめまわして使者に返し、

「さあ、早くわれを斬れ」

といった。使者が、受け取った刀の上下を見ると、文章があらわれていた。勅使が紙に写しとってよく見ると、それは富士明神の表文《ひょうもん》であった。勅使は、恐れおどろいて天皇のご裁下を待つことにした。

天皇は博士を召し出して表文を説明させると、その言葉には、

「天皇も慎しんで敬い給うべし。行者は凡夫ではなく、まことに尊い大賢聖である」

早く死刑を免じて、早速に都にお迎えして、敬い住まわせ給うべきお方であると奏上した。

ここにおいて、ふたたび使者を召して伊豆大島に送り、行者の死刑を免じて、富士明神の神言のようにいたわり敬い奉った。その時、行者は、うらみを込めて呪力をもって一言主の明神をしばりあげた。

大宝元年正月一日、行者は母とともに大唐に渡り去った。それ以降、一言主の明神はしばられたままで、いまだに解けていない。辛い苦しみはもっとも甚だしいものである。「不可」として行者をそしったのは一言主の神である。怨仇を受けているので、今になっても免れ脱け出ることができないままである。この行者は唐の国の四十仙人の中の第三座である。どうして、これを知ることができるだろうか。

日本の国から法を求めて唐に遣わされた副学生道昭大徳は、五百の賢聖の請いをうけたので、

新羅の山寺に住んで『法華経』の説教をしていた。毎日、神仙が集って道昭上人の説教を聞いていた。ある時、その中の第三聖人が日本語で質問をして論議をしたので、道昭法師はその不思議なことにおどろいた。法師は、われは日本副学生である。あなたはどこの聖人で、どんないきさつがあるのかと、日本語で問うた。

その聖人は、われは、日本国の大和国の金峯・葛木や富士の峯などで修行した役優婆塞であると答えた。その時、道昭法師は講座から降りて礼をし、大いに喜んで行者と互いに敬いつつかれこれ話合った。人々を救う心があったが、残念ながら山を捨て、母堂は自ら鉢に座って、この国に渡来してきた。年々と月日を送っていたが、日本が忘れられず、三年に一度は、金峯・葛木・富士の峯に参詣している。

今も代々の天皇を奉って朝廷のご恩は忘れてはいない。ただし、一言主の葛木明神を許すことは難しい、云々。行者は大唐の国に行って日夜朝暮に八部の衆を使役していた。道昭は、日本に帰朝して、この話を伝えた。時は貞観十五年（八七三）。かの大宝元年から今年まで、年を積むこと一百七十三年である。

以下、年代の相違について意見をのべています。行者が、伊豆に白鳳四十七年（文武元年、六九七）から白鳳五十六年（慶雲三年、七〇六）まで十年も流されていたこと、伊豆の死刑の様子、また新羅で道昭が講義の席から降りて親しく行者と談話したことなどは、今までの他の伝記とは異なっています。平安時代の役行者伝として特異なものです。

六　『水鏡』の役行者

『水鏡《みずかがみ》』は、『大鏡』より前の史実すなわち神武天皇から仁明天皇までの出来事を、年代の順に記録した仮名文の歴史物語で三巻からなっています。これは、内大臣中山忠親が、平安時代の末期の嘉応・建久の間（一一六九〜一一九八）に著したとされています。ある修行者が、仙人から聞いた昔物語を記録した形式にしてあり、また『大鏡』に続かせるために書き方も『大鏡』の形式になっています。異なったおもむきがある仏教的な歴史の見方が特色になっています。四十二代文武天皇（六八三〜七〇七）の時代の記録には、役行者の事がほぼ半分を占めています。

四十二代文武天皇　慶雲四年崩、年二十五。
次の帝は、文武天皇と申した。天武天皇の御子の草壁皇子の第二子で、母は元明天皇であった。丁酉の歳（六九七）の八月一日に位につき給うた。御年十五、世を知り給うこと十一年。三年（六九九）と申した五月に、役行者を伊豆の国に流した。

その行者は、大和の国の人で、博く物を習い、深く三宝に帰依していた。三十二の歳から、この葛城山にこもり居て、三十余年ほどの間、藤の皮を着物とし松の葉を食物として、孔雀の神呪を保つて、さまざまの験をほどこしていた。

五色の雲に乗って、仙人の宮に行ったり、鬼神を使って水を汲ませたり、薪を採らせていた。また、みたけ（金峯の嶺）とこの葛城の峯との間に岩橋を渡せよと、この鬼神どもにいいつけた。鬼神どもは、夜々岩を運んで削りととのえて、すでに渡し始めた。しかし、行者は心もとないので、昼も姿をあらわして橋を渡せと責めたてた。すると、一言主の神はわが顔がみにくいのを恥じて、なおも夜中ばかり岩橋を渡していた。すると、行者が怒って、神呪でもって一言主の神をしばって、谷の底に投げ入れた。その後、一言主の神は天皇の近く仕えている人にのり移って、

「みかどのために、われは悪い心をおこす人を鎮圧するものである。役行者は、みかどを傾けようと謀叛の計画をしている」

と申したてた。天皇は宣旨を下して、行者を召し取るために使者を派遣した。しかし、行者は空に飛び上るので、使者の力ではどうしても行者をとらえることができなかった。使者は帰ってきて、この旨を申しあげたところ、行者の母が召しとられた。行者はこまって、母に代るために参上してきた。

そこで、行者を捕えて伊豆大島に流しつかわした。行者は、昼はおおやけにしたがい奉って、その島に居たけれども、夜になると富士の山に行って修行をした。

……中略……

五年―大宝元年―（七〇一）と申しし正月に、藤原不比等が中納言になり、やがてその日のうちに大納言になり給うた。

その月かと覚えているが、役行者は伊豆の国から召し返された。京に入った後、空に飛び上って、わが身は草座に居ながら、母の屍を鉢にのせて、唐の国へ渡っていった。さりながら、日本を忘れることができず、三年に一度は、この葛城山と富士の峯に来給うた。時々は、お会い申していた。唐の国では、第三の仙人であらせられたよし語り給うた。

葛城山にこもった年齢を、初めて三十二歳とはっきり書いてあります。また、入唐に際して母の屍を鉢に載せと記して、今までの伝記とは異なっています。行者が母を鉢に載せて渡海とあるのは、母の遺骨と理解できるかもしれません。

七　『大峯縁起』の役優婆塞

「大峯縁起」は、『諸山縁起』の中に「葛城縁起」「一代峯（笠置）縁起」とともに収められています。これらの縁起は、「俗人には披見せざるものなり」と書かれ秘蔵されていたものです。この書物が書かれた年代を推定することは困難です。しかし、本文中に建久三年（一一九二）の年次があるから鎌倉時代の初期あるいはそれ以前に、いろいろな人が書いたものを集めたものとされています。この書物がすでに平安時代には成立していたとも考えられているようです。

　この中に「役行者の熊野山参詣日記」や「金峯山本縁起」があります。当時は、まだ修験集団が確立していなかったから、山林修行者をはじめ多くの人々が信じていたところの役行者伝と考えられています。大峯山の由来なども収められていますが、行者の伝記に関する事柄だけを伝えることにしました。

「第二項」

　私考えてみるに、金峯山は持統天皇の御代白鳳年中に、般若の中から出生し給うたのである。かの持統天皇元年（六八七）から長治二年（一一〇五）にいたるまで、年代を計ると四四一年である。また建久三年（一一九二）には五二九年になる。

　大峯から役行者が出て愛徳山に参詣の間、発心《ほっしん》門に住んでいる一人の老人に出会った。

「何人《なにびと》ですか」と問うと答えていわれた。

「吾は、百済《くだら》の国の美耶山に住んでいる香蔵仙人である」

と。つぎのようにいわれた。

「公《きみ》、数万劫《こう》（無限に近い非常に長時間）、久しく法を求められているが、今この国の行人も叶《かな》わない種々の主《ぬし》が、この峯にいるのを知らずにいなさるか。如何。熊野のお山から下向する人の祈禱のご利益を奪い取ってしまう所が三ケ所もある。まだ知らずにいなさるか、如何」と。

行者は、「知らない。我に教え給え」とこたえた。

「熊野の本主は麁乱神《そらんしん》（三宝荒神）である。人の生気をとって善道を妨げる者である。常に忿怒《ふんぬ》の心をおこして非常なことをしている。時々、山内を走り散らして人をおびやかし、必ず下向する人のご利益を妨げている。それを防ぐには、白檀香と大豆香の粉とを持っている事である。面の左右に少しつけておくと、必ずこの神が遠くへ去ってゆく。その場所の一は、この発心門、二は滝元、三には切目である。山中では何の笠が適当であるかといえば、那木《なぎ》の葉はどうか。荒れ乱れる山神も近つかない料である。金剛童子の三昧耶形《さんまやぎょう》である。しかし松の木は不祥であるから、この事をよく知って末代まで伝えなさい」……略……

願行がこれを記す云々。願行はこの行者の伯父の弟である。略。

「第四項」　役行者の熊野山参詣日記。

行者は自ら二神《ふたかみ》の上《かみ》の峯（二上山）に登った。行者は、箕面の方面に奇異な様相を見ておどろき、直ちに箕面山に行った。生年十九歳であった。はじめて箕面寺に入ると、いろいろな姿の衆が見えた。おそれ畏みながら、滝元にたどりついて一千日の間籠もった。

朱鳥《あかみどり》元年（六八六）二月四日己巳《つちのとみ》の卯の時に滝本を出た。この年二十二歳であった。熊野山両所権現の御宝前に参詣する途中、不思議な神変《じんぺん》が所々におきた。これを記す。

まず、紀州の罪崎川（堺河）の一の瀬の岸の道中に、乱れ汚れた不浄の血が路に満ちて、人が通わない間に、役行者は願をかけていわれた。

「すでに深山参詣の志であるが、これは不浄である。吾は心配している」と。

なお三宝を念じ陀羅尼を唱え、心経を読む間に、空中から声がして、教えていわれた。

「血は路にない。事相は過去・現在・未来の諸仏を念じ、十重戒《じゅうじゅうかい》（大乗律で定める最も重要な十種の戒）を持し、すなわちこの川で沐浴して大中臣の祓いを読むと道も浄く身も浄くなるから、速かに参りなさい」と。

空中から教える美しい声であった。そこで行者が問うていわれた。

「神は誰れ人ですか」と。

空の上から声がして、

「われは、鶏倶津岐吾（家津御子の神？）」

と答えていわれた。行者がまた問われた。

「障害が消滅して両親が成仏するために、あの山に参詣をするのであるけれども、道は極めて遠く、道中にはこのような異常なこともある。不浄は定めて多いでしょうか」

と。参詣したい思いも退く間に声がして、

「われは、仏法を守る忿怒神である。ただ清らかにしなければならぬ。あの山にまします両所権現は仏生土《ぶつしょうど》（インド）の鎮守で、この国にはじめてきた珍神である。末代の利益をなしおわった。ただ氷をわって身を清い衣で覆って昼夜朝暮にも戒をたもてば、三所大権現が守護摩頂（頭をなでる）してくれるのである。道守りの人、金剛天大らは皆忿怒形である。定めて充満すれば、この人を守護する」

と告げた。

また、行くと前の藤代川に死体が流れて乱汚が満ちていた。行者が渡る時に、その身が近づいてきたが、どうしてもこの流れを渡らねばならなかった。なおこの水を渡って浴し祓いをした。勤行して自他の障りがない間、一人の姓生（未詳）が来て去って行った。これは行者を障乱するための死骸であった。これは帝釈天の神変身代わりであった。清浄持戒の者の後世の菩提を祈ると云々。

喜んで行くと辻に、出産半ばの女がいた。二人の小童がいっしょに居た。行者は問うた。

「おまえは、あの女の子であるのか」と。

すると、童子は答えた。

「われは、神通遊戯（悟って自由な境地で遊ぶ人）の人である。仏法修行の人を守護するために、常に土地の辺りで遊んでいる。汝はこれに迷わずに不浄を祓え」

と。早くも隠れてしまった。二人の童子は、諸部の使者であるとさとって、随喜喜悦すること少なくなかった。諸方に顕現して山に登った。逆川の上で塩垢離をして祓いを行った。

前に、牛馬の死骸おびただしく多かった。老女が食っていた。道中に居て立ち去らなかった。行者が「速かに去れ」というと、女は「我は、腰ぬけで立つこともできない。ただ追い立てようと思うならば、呪をたて満願を祈り給え」といった。行者が、呪文を祈り終わらないうちに、飛行の光明を放って十方に散り去ってしまった。

行くと前に隠神が居た。山口の大河の渡しのある在所の人であった。鹿瀬川に四本の角が面上にある女鬼であった。多くの人はこれを見て驚いた。

「汝は何者であるか」と問うと答えていった。

「我は、ここの主である。君に教え申す事があり、信じなさい」という。

「この川の水で身を清めると、この世もあの世も呪いが必ずさけられる。慈尊《じそん》の三会《さんね》（弥勒菩薩が、釈迦の化導にもれたもののために三回にわたって開く衆生済度の法会）にあうことができる。末代の行者に、必ずこれを伝え賜え。熊野の御山に参詣のついでに業を消す水である」

といって隠れてしまった。

御坊の近くの塩屋の辺りの路に宿ったところ、夜宿る人を突然大魚が来て食いつこうとした。行者は印を結んで拝んだところ、呪が満ちて大いに魔魚の難を免れた。魚は黒い毒を雨のように吐いた。行者は心経を荒護《こうご》して呪を放つ間に、大魚は風にしたがって逃げてしまった。故に祓を勤仕して立ちおわった。

切目の中山の谷にきたところ、また面を被った女にあった。見ると凶形で恐怖の心が起きた。

「いったい、おまえは何者であるか」と問うと、

「わしは、仏道を修行する人を食べている鬼である。回法の人は貴くましますので、我は極めて苦しみが重い。助けたまえ。如何」と答えた。

再拝し回音するに、鬼形は小さくなった。神呪を聞いて喜ぶこと、なにおかいわんやである。

「我は、礼拝して人を食べる心がなくなって遠のいてしまった」と。上《かみ》に隠れてしまった。清浄にして隠れてしまったのである。

池・浜・迫・浦に塩で沐浴して、三世の苦を洗う。今生の悪業を離れる功徳のあるのがこの海である。祓を勤仕した。御山の滝尻について、その水に洗う事がもっとも大切である。右の川は観音を念ずる水、左の川は病を除く薬の水であって、阿閦《あしゅくぶつ》仏の下から出る水である。

罪業深重の者が踏み渡るときには、すべて山内にある水や木は不死の薬であると思うべきである。近露の祓は、現に不浄を祓って水も清浄になる。したがって、湯川の祓の水は、未来の罪業を亡くし、音無川の水は慈尊の三会にかならず会うことができる清めの香水である。熊野の御前に流れる水は、弥勒の膝の下から出る水である。音無川の水は大悲観音の脇からでる水である。

常にあの山に参る友と共に、この信心を発すべき者であることを知った。

委細の由がある。口伝である。昌泰二年（八九九）己未の十月十五日にこれを記す。

以下省略する。

「第八項」　証菩提山は字《あざな》は大峯である。

最初に修行を行いはじめたのは、役行者である。次に、比古（彦山）の寿元持経者。つぎは鎮西の高持経珍尊。次に伊与の芳元持経者。次は出羽の羽黒持経者黒珍。次に、助音供奉。次に、日大聖人。

蔵王の根本の御正体は石像である。

金剛山蔵王は五尺の石像である云々。

そもそも、役行者は両親のために、この峯に千基の石塔を建立された。供養するために請い奉った講師は、北斗大師で大唐の第一の仙人である。読師は、智延大師で日本国の伊予の国の人である。聴衆は三百八十人、皆大峯の仙人であったという。北斗大師は、八月十八日に大唐から渡ってこられ給うた。役行者は、毎月七日、蔵王の霊窟に参り給うと云々。

役行者、誓願していわれた。

「もし悲母孝養の誠を諸仏が納受し給いますなれば、多くの天善神よ、我が塔を埋め隠し給え」

と。すると、夜の間に黒雲を吐きだされて若干の塔婆を埋めてしまった。

朝に、天人が花を雨のようにふらせ、供養する色は種々であるという。これは大常光童子の守護であると云々。

「**第十項**」　金峯山本縁起

役優婆塞は、大和の国、葛上郡茅原郷の人である。今は、姓を改めて高賀茂となっている。藤の皮の衣を着て、松の葉を食物とし、花の汁を吸って、身命を助け養っていた。三十余年の間、孔雀明王の咒を誦して難行苦行をしたので、大験を得ることが自由自在であった。

鬼神を駆り集めて、仕事にしたがわせていた。わが国には、役行者に比べられるような者はいなかった。ある時、諸国の鬼神を召し集めて、金峯山と葛木山の両山の間を通れるように橋を渡させようとした。その時に、金峯山の大神は、役行者の咒力には、とても勝てないので、早速にも橋をつくりはじめようとした。

しかし葛城の一言主の大神も、また橋を作り始めようとしたけれども、行者に申して、

「わが顔形は、もっとも醜いから、橋は夜の間に作りまする」

といった。行者は一言主の大神を迫めたて、

「昼でも、なお遅いのに、ましてこの上に夜だけ橋を作ろうとするのか。すみやかに作って、渡れるようにせよ」

と、一言主の神に命じた。

このとき、一言主の明神は、行者が責めるのに勝てないので、とうとう朝廷に密告することにした。

「役優婆塞は、天皇の位を傾けようと計画している」

と託宣していった。そこで、役人たちは行者を追い捕えようとしたが、行者の験力によってどうしても捕えることができなかった。それ故に、行者の母を捕えて人質とし、獄舎に入れてしまった。それを知った行者は、母を救済するために、獄舎の近くに出て来て、大きな声で名を唱え、自ら捕えられた。

行者は、直ちに遠い伊豆の大島に流罪になった。行者は昼の間は、島に居て天皇の命令にしたがい母親に孝行をしていた。しかし夜になると、駿河の国の富士の峯に飛んで修行した。すでに、かなりの月日を送っていた。

役行者は、藤原の宮の天皇の御代、白鳳四十七年丁酉（持統天皇十一年・六九七）の二月十日をもって、島流しの刑にされたのである。

しかしながら、一言主の神が、ふたたび託宣をして、

「かの役行者を、すみやかに死罪にせよ」

と告げた。

ここにおいて、役所では一言主の神の密告を信用して、行者を死刑にするため勅使をかの大島に派遣した。白鳳五十六年（慶雲三年・七〇六）十二月二十五日に、勅使は島に到着し、行者を浜辺に引き出した。

刀を抜いて殺そうとした。しかし、行者は少しも拒まず、勅使の前にすわって、殺刀を一寸か

してくれるように頼んだ。そこで、勅使は刀を行者に渡した。すると行者は、刀を左右の肩・面・背などに触れさせること三度、舌でもって刀をねぶりおわった。

使者に、刀を返してから促すように、

「さあ早く、われを殺せよ」

といった。使者が、刀を手に取って差し上げると、上から下まで文字が書いてあった。びっくりして、それを紙に写しとってよく読むと、それは富士明神の表文であった。勅使は、大変に恐れおどろいて、早速天皇に上奏して、その裁下を待つことにした。天皇は博士を召し出して、その表文を説明させると、博士はその辞を読んで、

「天皇も、慎しみ崇め給うべし。この者は凡夫ではなく、まことに尊い賢聖である。早く殺罪を免除して、すぐに都にお迎えせよ。尊び住まわせよ。ご修行なされるお方である」

といった。ここにおいて再び使者を島に送り、行者の死刑を免じた。労り尊び敬うことは、あたかも神仏のようであった。しかしながら、その時に、行者は怨みを含んで、一言主の神を咒力によって縛った。

大宝元年（七〇一）辛丑正月一日をもって、役行者は母子ともに大唐に渡った。それ以降は、葛城の一言主の明神は、縛られたままで、いまだに最も甚しい辛苦を免れてはいない。他人を嘘をいって密告してはいけない。自在である筈の一言主の大神もうらみを得たので、今になっても、それを免れてはいない。

今は、かの大宝元年辛丑の年以来、貞観十五年（八七三）癸巳にいたるまで年を積むこと百六十三年である。

この行者は、唐国の四十仙人の中の第三座である。どうして、これを知らずにいられましょう。伝えていうに、日本国の求法の遣唐副学生道昭大徳は、五百の賢聖（五百羅漢の意）の請いを得て新羅の山寺に住んで法花経を講義していた。その時に神仙が毎日集会して、道昭上人の所説を聞いた。その時、その中の第三の聖人が、かの大和言葉でもって質問して議論をした。道昭法師は、これに驚いて怪しんだ。

「道昭、すでに日本国の副学生です。貴方は何処においでございますか。聖者は何と申しあげる方で、日本語をもって問いをなされたのでございますか」

すると時に、聖人は答えて、

「われはこれ、日本国大和の国の金峯、葛木ならびに駿河の国の富士の峯において修行をした役優婆塞である」

と告げた。時に道昭法師は、講座から下りて礼拝して喜んだ。ここで、互いに譲り敬って語り会った。行者は、衆生を救済する心があったので、恨みを含んで本山を捨て、母を鉢にすえて、この国に渡って来た。

毎日同じような暮しをして年を送っていた。しかしながら、本所を忘れ難いので、三年に一度は三山（金峯葛城富士）に参詣し、代々の天皇に談を寄せ奉った。今にいたっても、朝廷のご恩を忘れずにいる。

ただ小角は、葛城の一言主の明神が嘘の密告をした罪を免れさせるわけにはいかなかった、と云々。

そういうことであったが、行者は唐においても、昼夜に八部衆を駆使していたと、道昭法師が、この談話をわが国に伝えた。

いわゆる八部衆というのは、一に龍神、二に夜叉《やしゃ》、三は乾闥婆《けんだっぱ》、四は阿修羅《あしゅら》、五は迦楼羅《かろうら》、六は緊那羅《きんなら》、七は摩喉羅《まごら》、八は天神王である。これを、八部衆という。また、須弥山の四方には、おのおの四鬼神王がいる。四角には、おのおの二鬼神王がいる。上下にも、おのおの二神鬼王がいる。これを合せて、二十八部衆というのみ。


この本縁起は、『扶桑略記』などを参考にしたと考えられ、大要は『扶桑略記』第五、大宝元年正月条「役公伝」とほぼ一致しています。ただ、終りにある八部衆を駆使して云々は、後で付け加えた部分です。また、役行者が流された年を、『扶桑略記』と同じ白鳳四十七年としています。しかも、白鳳五十六年までの十年間も伊豆に居たことになっています。大宝元年から貞観十五年まで一六三年としているのは間違いで、一七五年としている『扶桑略記』の方が正しいのです。

第二章　鎌倉時代の略伝

一　『源平盛衰記』の役行者　小角仙人

『源平盛衰記』は、軍記物語で『平家物語』の異本の一種とされています。作者や成立年代も不明で、鎌倉時代の中期から末期、すなわち執権が北条氏の末頃（一二五〇〜一三〇〇頃）に書きあげられたともいわれています。

この本の倶巻、第二十八の「天変、付踏歌節会の事」の中に役行者の話があり、また別に「役行者ノ事」として説話があります。

皇極天皇の御代元年（六四二）七月に、客星が月の中に入るという天変があった。これは逆臣が五位になるということであった。その時、役行者に仰せられて、七日七夜お祈りなされたところ、いくさは止んで百日のひでりになった。天皇の御位は無事でありましたけれども、五穀はみな枯れてみのらず、上下の民も飢饉にあった。

今は、役行者もいなければ、誰がこれを転ずることができようか。池の魚の風情のように、わざわいが起きるのを、今か今かと待っていることはまことに悲しい。(天変、付踏歌節会の事)。

役行者と申すのは、小角仙人のことである。俗姓は賀茂氏で、大和国葛上郡、茅原の村の生まれである。

三歳の時に父に先立たれ、七歳までは母の恵みによって成人した。大変な親孝行であって、仏道を修行する思いが深かった。

五色の兎について葛城山の頂上に登った。藤の衣に身を包み、松の緑を食べて命をつなぎ、孔雀明王の法を三十余年も修行していた。ただ一頭の烏帽子を被っていたが、それも破れてしまった。大童になっても、一生不犯の男聖《ひじり》であった。

役行者は、大峯と葛城の間を行ききするために道が遠いといって、葛城の一言主の神に二上山から神山まで石橋を架けるように命令した。しかし、一言主の神は顔がみにくいからと昼は指も出さないで、夜になると石橋を渡し給うていた。そこで、役行者は遅いといって腹を立て、一言主の神を葛の蔓で七回りも縛りあげ給うた。

一言主の神は役行者を恨んで、役優婆塞という者が帝位を傾けようとして謀略をめぐらせていると、天皇に嘘をいって上奏した。これを聞いて、天皇はおどろきおぼし召し、行者をからめ捕えるように命じた。すると、行者は孔雀明王の法験を用いて鳥のように大空を飛ぶので、捕えることができなかった。そこで、行者のかわりに彼の母を召し捕えてしまった。行者は、われのために母が罪を被ることはまことに悲しいといって、自ら役所に出頭して行った。

早速、役行者は伊豆の大島に流されてしまった。昼は大島に居て、夜は鉢に乗って富士山に飛んでいった。一言主の神は、さらに行者を殺すように天皇に再び上奏した。役所では、早速役人を島にやって行者を殺すことにした。

その時、行者は、

「どうか、われに抜いた刀をかし与えよ」

といい、受けとった刀を舌で三度ねぶったところ、富士明神の表文があらわれ出た。

天皇は、この事を聞こし召して、

役行者立像『木葉衣』より

「役行者は凡人ではなく、さだめし聖人であろう。すみやかに供養をおこなうべし」

と、行者を都に召し返された。

ここにおいて、行者は母もろともに、茅の葉に乗って大唐に渡っていった。このような聖人は、末代までもいる筈もない。この世は如何にあるべきかと、心ある者も心なき者も、各々み

な嘆きあったという。（役行者の事）

以下役行者の事はないので略します。

この物語には、かなりのフイクションがふくまれているようです。役行者の幼少年の頃の年齢、父母の事も今までの他の伝記には見られなかったことです。行者が鉢に乗って空を飛ぶことや茅の葉に乗って海を渡るのも、この物語の作者の着想であると思われます。また、はじめて小角仙人と書いてあるのもめずらしいことです。

役行者が、修験道の開祖として有名になるにしたがって、行者の伝記もしだいに面白く作られてきます。

二 『古今著聞集』 当麻寺と役行者

日蓮は、『法華経』を唱えて建長五年（一二五三）に鎌倉に移りました。『古今著聞集《ここんちょもんしゅう》』は、その翌年の建長六年（一二五四）に橘成季によって書きあげられました。鎌倉時代の仏教説話集です。『今昔物語』『宇治拾遺物語』『江談抄』『十訓抄』などの説話をもとりいれて、わが国の説話を収録したものです。

巻二、釈教第二、三六「横佩大臣女当麻寺と当麻寺曼荼羅《まんだら》を織る事」があります。これは、有名な蓮曼荼羅を織った中將姫の物語ですが、この前半に役行者と当麻寺の事が書かれているので、その部分のみを紹介します。

用明天皇の第三皇子麻呂子親王は聖徳太子の勧めによって、河内国の交野郡山田郷に万法蔵院禅林寺を建立しました。当麻真人国見は壬申の乱で功績があった人ですが、この寺を、二上山麓に移転せよという夢のお告げをうけましたが、用地がありませんでした。そこで、役行者を訪ねて用地の分譲をねがったそうです。

役行者一族は広い土地を所有し、二上山麓は役行者が修行した場所であったのです。国見は行者に所有地の分譲を願ったところ篤い信仰と熱意に感銘をうけ、快く用地を寄付することを約束しました。

当麻寺（奈良県北葛城郡当麻町）は、推古天皇の時代に、聖徳太子の御すすめによって、麻呂子親王が建立し給うたのである。万法蔵院（交野山田郷に建立）と号して、勅願によって建立された寺として取扱われていた。建立してから後、六十一年が経っていた。

親王はご夢想によって、元の伽藍の土地をあらためて、役行者が修行した土地に移された。金堂に安置してある一丈六尺の弥勒の御身体の中に、金銅製の一磔《いっちゃくしゅ》手半（約一尺二寸、一磔手は八寸）の孔雀明王のお像一体をこめておまつりされた。

この像は、役行者が多年持仏とされていたご本尊であった。

また、役行者の祈願のお力によって、百済の国から四天王像がとんで来給うて金堂におわしましている。

堂の前に、ひとつの霊石があるが、これはむかし、行者が孔雀明王法を勤修なされたとき、一言主の明神が来てこの石に座りたもうたのである。

天武天皇の御代の白鳳十四年（六八五）、寺が落成した。高麗国の恵観僧正を導師として供養をなされた。その日、諸々の天神がその場に降りてきて、いろいろな吉兆があった。行者が金峯山から法会の場に来て、私領の山林や田畑等数百町を施入せられた。


天武天皇九年（六八〇）移転工事がはじまり、天武天皇十四年（六八五）に盛大な落慶法養が行われました。禅林寺は、当麻寺と改名しました。役行者は、落慶法要の席に出て庭に記念の桜の木を植えました。役行者と当麻寺の話がでてくるのは、これが最初です。

当麻寺の蓮曼陀羅にはこんな話があります。むかし、聖武天皇のころに、藤原豊成という人が子供がいなかったので長谷寺の観音様に願をかけ、授けられたのが中將姫です。後に継母に育てられましたが、十九歳の時に世の無情から仏門に入り当麻寺で修行をしました。長谷観音の化身の老尼から蓮糸で曼荼羅を織ることを命じられ、奇縁に支えられて仏と菩薩を織り上げたのが蓮糸曼荼羅で美しい見事なものです。しかし老尼との約束によって、中将姫は十三年後に阿弥陀如来をはじめ仏菩薩に迎えられ西方浄土へ旅立たれたそうです。

三　『私聚百因縁集』の役行者

鎌倉時代の中期は、園城寺や興福寺の衆徒などが、押しかけて強訴をしたり、また諸国に強盗があちらこちらとあばれるなど、騒々しい世の中であったのです。その時、鎌倉幕府の執権は北条時頼で出家をしていました。

そのころ、浄土宗の僧愚勧往信は、常陸の国でいろいろな昔からの伝承類を集めて書物を書いていました。それは、『私聚百因縁集《ししゅうひゃくいんねんしゅう》』という九巻からなる書物で正嘉元年（一二五七）に完成しました。漢文で書かれています。

その第八巻、和朝之篇の中に「役行者ノ事」があります。これは、それまでの役行者の伝記や当時の山伏の間に伝わっていた説話などを集めて収録したものです。鎌倉時代における修験道の思想、また役行者の伝承を知る上で重要な記録とされています。

そもそも、仏法がわが国に渡ってきてから、一百余年も後の頃。すなわち天智天皇の末から持統天皇や文武天皇の時代になる頃、とうとい行者さんがいた。これは役の優婆塞である。

行者の父は高賀茂間賀介麻呂、母は同氏の白専渡都岐麻呂であった。生まれた所は、大和の国の葛木の上郡矢箱の村である。後になって造ったお堂が、茅原寺（現在の奈良県御所市茅原吉祥草寺）である。

母の胎内にいるときから、不思議なことがあった。七歳の時から三宝に帰依していた。まだ若い十九歳の時に、摂津の国の蓑尾（箕面）の滝に行って、難行苦行をして修行の功を積んだ。坐禅して呪を誦し、徳を積んで練行を重ねていた。

いく年も経ないうちに、龍穴の上の白浪の雲に三十六童子を修行によってお出ましたてまつった。その後、霊験はますます新たかになって、仏法の修行は思いのままになるようになった。

行者は、これから末世の民衆を救うことを契って、金剛童子を所々に分けて配置された。いわゆる十五金剛童子は、箕面に留めて、八大金剛童子は大峯に、また七童子を葛木に置いた。ただし、未出光岳と申す一童子（金剛山、未出光童子）は、未来を約束していたが、当時はまだ形を現すまでにはなっていなかった。

箕面の滝において不思議なことがあった。行者は、聖の力に乗って滝の上の龍穴から雲の岸の岩屋の中に入った。遙かに往くと、奥の境内には金や玉でかざられたすばらしい場所が見え、この世のものとは違って、金剛の門があった。

行者は門を叩くと、内から答える声がした。

「われは、これ人間世界の役の優婆塞である」

と名乗ると、内から声がして

「知らないのか。われは、これ徳禅大王である」

「ここは、龍樹菩薩の浄土であるぞ」

といった。門の戸を開いて境内を見ると、何とも言葉にもいいあらわせないほどおごそかで、小角は、現の身で浄地に入って、心身は全くの無垢になった。

龍樹菩薩にお会いして、民衆を救う方法を尋ね、仏道の資料を持ち帰ることができた。これは、誠に有難いことであった。

行者は、また熊野・金峯・一乗菩提（葛木）の寺を始め、いたる所の霊峯に登って行をした。国々の霊山にも踏み入って修行をはじめた。

雲の宿に岩を枕にし、苔の筵を下にして臥せる。心細く哀れにも山臥が修行した道を尋ねてみると、これらはみな、役行者が初めて実行なされたことに由来している。

すべてのことは、最初はみな厳しいものである。濁った世も末になると、これらのことも以外に早くおとろえてゆくのが習いである。しかしながら、この役行者の遺流ばかりは、一向に衰えてはいない。

日本の六十余州の中において、役行者は念珠を手に袈裟を携えて、天の助けをうけている民衆もたよりにし仰ぐほどの人であった。胎金両部一乗菩提の峯（大峯葛城）などに縁を結びたいと祈らない人は一人もいない。

仏道の修行区にても、いずれもとりどりであるが、山伏の有様は誠にとうとく哀れである。おのれ自身の身命を愛さないで、ただ無上の道を惜しむのである。まことの仏道のために、山林に身命を捨てる。いずれの修行も、これに等しいものはない。

なかでも、役行者は仙を求める志が大変に深かった。そのために葛木山に住むこと三十余年、石室に居所を決めて修行生活をしていた。藤の衣に肩を隠くし、松の葉を食べて命を支えていた。ついに功を得ることができ、五色の雲に乗って仙人の禅栖、すなわち住家に通うことができるようになった。

葛木山というのは、金剛山のことである。行者は来世のために、この峯に結界し給うたが、この霊峯はすなわち妙法蓮華経の一部始終にあたるのである。故に、葛木山を一乗の峯というのである。

和泉の国の伽陀（加太）の峯、妙ノ石屋（また序品には石室ともいう）から始めて、峯の順にしたがって左右三丁のこの峯は『法華経』である。終りは、大和の国の葛木で、これをもって終りとする。行者が、三鈷杵をもってつき給えるところである。

また、大峯は、胎金の両峯すなわち胎蔵界金剛界である。いわゆる熊野山胎蔵界は因の曼荼羅で、十二所権現が垂跡し給うところである。

金峯山金剛界は果の曼荼羅、三十八所光をやわらげる。かの大峯の基は、日本の山ではなくて仏生国の山である。空から飛んできて、わが国に落ち留った所が大峯である。垂跡なされた神明も、仏生国の鎮守である。

熊野の證誠権現は、本地は阿弥陀如来である。すなわち蓮華部の上首である。金剛蔵王は、釈迦牟尼如来である。別の名は毘盧遮那という。金剛界の大日である。

それ故に、大峯山は日本に並ぶものがない霊峯である。古く仙人が住む岩屋のある明山、繁茂する千種の草木、これらはことごとく四曼五部の色々にあたる。そびえ立つ一山の岩山の絶壁も、併せ十三九会の品々である。谷も峯も、諸々の尊の字印の形をし、切り立つ山も険しい谷も民衆の心にある智理を現しているのである。仏陀毘盧遮那の身土であって、大日如来の浄土である。

故に行者の誓文にいわれている。

この峯を歩こうとするのは、真言のみではなくて顕教の大乗の地位も含まれている。熊野には発心門があり、金峯の等覚門にいたって、これに妙覚すなわち無明をことごとく破って完全な悟りの境地にいたる。不委―くわしからず。また、この山には、行者の遺宿が百二十ケ所もあり、住むところの仙人は三百八十人である。

神仙（深仙）には三重の石屋がある。下は阿弥陀の曼荼羅、中は胎蔵界の曼荼羅、上は金剛界

大峯にて三生のわが骸骨に逢う　『役行者一代記』より

の曼荼羅であって、重なる毎に大きな壇がある。壇ごとに、閼伽器（水の器）、鈴杵、金剛厥、五色の糸など、皆石の上に造って調えて置いてある。

そもそも、仙洞には旧の骸骨があった。その諸々の骨は、結節で相連らなって離れず、左の手には独鈷杵を抱え、右の手には智剣を執って、天を仰いで臥していた。その丈は九尺五寸ばかりで、眼の中から枯木が生えていた。行者が、これらを見て取ろうとしたが、堅くにぎって、動かしても山のようにビクともしなかった。

小角が仏天に祈願すると本尊が夢の中に出てきて、

「これは、汝が先の世の死骸である。汝はこの峯で修行することは、生を受けて既に七生である」

といった。初めの三生の骸骨は、まだこの峯に留ってある。初生の身長は七尺五寸。第二生は八尺五寸。第三生は九尺五寸で、これはすなわち第三の骨である。

「真実か否かを知りたいならば、『千手陀羅尼経』を五返、『般若心経』を三巻を唱えて祈請せよ。しからば、まさにこれらを取ることができよう」

と。小角は、夢の教えに従って祈った。すると、骸骨は両手を開いたので、小角は持物を受けた。また、三重の石屋も開かれた。行者が、初めの二、三生の時に、造って置いたものである。役行者は、また久しい間、孔雀明王の法を行ったところすみやかに験があらわれた。あるいは、行者は、生年七歳から「慈救の呪」を満たしたといわれている。毎日十万返である。

問い。役行者が、日本の国にいた時には、真言の法は大唐にもまだ渡っていなかった。まして、日本には渡来していない筈である。しかるに、行者の儀式・大峯の作法は、おおむね真言によっている。如何なるわけによるのか。

答え。役行者は、高志の小大徳（泰澄）に向って三僧祇（修験道においては、峯入り修行・峯中作法・灌頂などの儀礼を三つ経ることによって成仏し得るという）の聖であると名乗り給うた。故に、前世からの宿縁の事は、更に止めたり忘れたりしてはいけない。三世常恒（過去現在未来の三身不生不滅）の法は、どうしてこれを勤行せずにおられましょうか。

およそ、役の優婆塞は、金峯山にては大聖威徳天、金剛山においては法喜菩薩、あるいはまた、処によっては孔雀明王の跡化という。

このようなとうとい行者は、海上に浮いて走ることは陸地を踏み歩くようであり、山の峯に居て飛ぶことは、鳥のようであった。

しかるに、役行者は、殊に父母の報恩の志が浅からず、いわゆる生前に寺を造り、外方に敬を設けた。これは、すなわち父母の報恩のためである。

また、麻呂子親王が建立した当麻寺の供養をしたと聞いている。天武天皇の御代の白鳳十四年甲戌（天武天皇十四年は乙酉、六八五。甲戌は天武天皇三年・六七四）導師は恵観僧正であった。この時に、役行者は葛木山からこの法会の庭に参詣して、父母の菩提のために、祖先から相伝わる私領の山林田畑数百町を当麻寺に施入した。父は、この寺の金堂の丈六の弥勒の御身の中に、行者が年来の本尊の金銅の一磔手半の孔雀明王の像を収め奉ったと、云々。

これに加える他の記録。

外従五位下韓国連広足は、初めは行者を敬っていたが、後に行者を妬んで、役所に小角のことを嘘をいって訴えた。これは、世の中が乱れる悪い世相で、国のため、王のため、民のために、誠に悪いことであった。

時にまた、久米の石橋を完全に作って渡さなかったので、行者は葛木の一言主の明神を召し取って、榊の練（ねり糸）を七巻きして縛りあげ谷底に放置しておいた。

そのために、一言主の神は、宮人にとりついて行者のことを天皇に訴えた。文武天皇の時代のことである。

天皇が使者を派遣して、行者を捕えようとしたが、空を飛んで捕えられなかった。そこで、その代りに母の白専を召し取った。行者は、母が悲しむのに耐え切れないので、自ら藤原の宮に現れ出て、わが身を母に代え給えと自首して捕えられた。親子の契りは、まことに哀れなことである。

しかして、文武天皇治世、第三年己亥（六九九）五月に、伊豆の大島に「遠流の刑」となった。昼間は、天皇の命令を畏れて、島に住んで勤めていたが、夜になると駿河の国の富士の峯に飛んで行き修行をした。三年を経て、大宝元年辛丑（七〇一）五月に召し返されて、ようやく天庭に近づくことができた。

行者は、空を飛んで日本から去ろうとしたが、まだ生国においては父母の恩に報いていないことを嘆いた。

そこで、大峯の深仙において千基の石塔をつくり、これを建てて、空鉢の峯で供養をした。供養の導師は、大唐の第三の仙人北斗大師であった。さっそく、金剛童子と寂光童子を大師のお迎えに参らせた。三月十二日の寅の時刻に、北斗大師は金剛仙と神仙の峯を超えて着かれた。同じ時に、役行者は二親の後世菩提のために、大峯の空鉢ケ岳に千本の石の卒都婆を建てて供養した。読師は智延大師であった。

諸々の仙人たち三百八十人を始めとして、五通具足の（神通力のある）人々すなわち天神・山神・神仙人は処せましとばかり集って、法事は申の時刻に終った。導師の北斗大師は、金足の駄《た》尿夏《はらうつ》金杖、篠の葉に乗って帰国し給うた。

行者は、誓っていわれた。

「われは、父母に囚獄の報恩をしたいために、千の石塔を供養する」

と、行者は恭しく敬礼し、さらに、

「諸天の善神よ、速かにこの塔婆を収め隠したまえ」

と深く念願した。すると即時に、紫の雲がおほってきてそびえ立つ千の石塔をことごとく隠くしてしまった。

日本の国にある処々の霊岳には、所以が判らぬ石塔があるが、これらはこの時の石の卒都婆である。

古老伝えていう。しかして後に、行者は日本の国を去りたまうのに、行者の母の白専女は、恩愛の別れを悲しんだ。行者は親子の別離ほど、難しいものはないと思った。小角は、仕方なく見捨てることができない母を鉢にのせ奉って、わが身は草座に居ながら万里の波浪を超えて新羅の国に移られた。

この時に、わが国の道昭法師は、勅命を承けて、法を求めるために唐に渡っていた。新羅の五百虎の請いを受け、新羅に行って深山の中で『法華経』を講義していた。道昭はこの時に、法会の席にいた一人の男が日本語を話し質問するのを疑しく思って、誰かと問うた。

すると、その男は、自分は日本の国の役の優婆塞であると答えた。日本の国では、神の心も、また住んでいる人の心も、もはや濁って乱れてきたので、日本を去ってきたといった。行者はさらに、いかにしても親子の契りというものは天に住む仙人でさえも捨て難いものである。母をともなって外国に連れて来たが、慈父の骸骨はまだ日本にある故に、今も常に日本国に通っている。貴僧は、わが国の導師であられるから懐しくて聞いていたといった。道昭は、自ら高座を降りて優婆塞を捜したけれども、ついに、声ばかりしても姿は見えなかった。

親に孝養の卒都婆を作ってこれを建て、古を尋ね賢人を訪問するのは、最も所以の在るところである。まして、末代の凡人愚者において、この事を実行しないのは畜生と同じである。

仁王四十二代の文武天皇が天下を治めた大宝二年壬寅（七〇二）から正嘉元年丁巳（一二五七）にいたる五百五十六年、云々。

熊野権現の縁起意にいうている。

往きし昔の甲寅の歳。唐の天台山の王子信の旧遺跡から日本鎮西の豊前の国の彦の峯（彦山）に天降り給うた。その形は、八角の水晶の石、高さは三尺六寸であった。

つぎに十三年丙寅を経て、淡路の国の喩鶴《ゆづる》山の峯に天降り給うた。つぎに、五箇年庚午、紀伊の国牟楼の郡、切月山の西海北峯玉の郡木の淵の上松の下に降り給うた。

その後、六十一年庚午三月十三日に、熊野新宮の神倉《かんのくら》に天降り給うた。つぎに、八十五年甲午、本宮大湯原の櫟《いちい》の木の三本の枝に三つの明月が天降り給うた。

つぎに、九千年を経て神武天皇治天第四十二年壬寅、石田河の住人熊部《くまべ》の千與貞《ちよさだ》という犬飼が、長さ一丈五尺ばかりの熊を射たので、その跡を尋ねて行くと、かの木の本に猪がたふれ伏していた。その肉を取り食べおわってから、その櫟の下に野宿をした。

木の上には、明月がかかっていた。そこで問うた。

何故に月は雲上を離れて、木末に在るかと。

答えていう。

熊野三所権現のうち、一つの月は證誠大菩薩が地主神で、昔は西海西方の仏生国の鎮守であった。また二つの月は両所権現と号した。西の御前は伊弉諾尊、中の御前は伊弉冊尊早玉、この両所は、天照太神の父母である、云々。今本地は、證誠阿弥陀として顕れた。西の御前は千手観音、中の御前は薬師如来、五所の王子は十一面観音、地蔵菩薩、龍樹菩薩、如意輪観音、大慈観音である。

四所の明神は、文殊菩薩、普賢菩薩、釈迦、不動明王　云々。

金峯山蔵王の三十八所。本地は弥勒菩薩である。そのために、かの山ではみな弥勒菩薩の出世を待つている。第十減刧（人間の寿命は八万歳、百年に一歳減って十歳になるのが減刧、これを繰り代えすこと第十回、遠い遠い未来）、初めて弥勒菩薩が大地を敷かれ給う、云々。

また別に説くところによると、行者は祈願したところ釈迦の像が現れた。この時、行者はこの体では末代の濁世の衆生に対し、どうして利益を生むだろうかといった。

そして重ねて祈願をしたところ、おそろしい憤怒の形の蔵王が現れでた。行者は、この尊こそと心から信じて仰いでこの像を受け奉った。昔、(釈迦は)霊鷲山に在って『妙法華経』を説いていたが、いま金峯山に在って蔵王の身をあらわし給うた、云々。

また勝手子守とは、不動明王、毘沙門である。そもそも、蔵王の御体は石の像である。金峯山は三尺、金剛山は五尺、石の箱に入れて浄地の底に安置し奉ってある。


この書物では、説話はつづけて書かれていますが、それぞれ区切って記録しました。今まで役行者の伝記に書かれていない多くの話が含まれています。著者の創作か伝承かわからないような話もあります。

役行者の出自について、父は間影麻呂、母は白専渡都岐麻呂となっているのは、この本が最初です。役行者は、山伏の最初の人で修験道の開祖であることを示しているのは、大切なことです。また、大峯、葛城、熊野についての詳しい説明も特色といえそうです。鎌倉時代の役行者について、その伝承などを知るのに参考になります。

四　『沙石集』の役の行者―蔵王権現の示現

『沙石集《しゃせきしゅう》』は、鎌倉時代の仏教の説話集です。仮名まじり文で通俗的に書かれている説教の種本風であります。著者の無住一円が書きはじめたのは、弘安二年（一二七九）の蒙古軍の動きが活発になりはじめた頃です。元の軍隊が攻めてくるというので、国内は騒然とした情況になっていて、国難がくると人々は恐れていました。

ようやく、弘安六年（一二八三）の秋に書きあげられました。十巻からなっているこの本は、内容が庶民的なものであるので、かなり多くの読者をもっていたと考えられます。物語としてではなく、法話集あるいは仏書としてあつかわれていました。

巻一、三「出離《しゅつり》の神明に祈る事」の中に蔵王権現の示現のことが書かれています。

> しかるに、本地垂跡（本地の仏・菩薩が民衆を救うために跡を垂れ、日本の神となって現れるので、神仏は同体であるという考え）というのは、その体は同じであるけれども、機にのぞんでもたらす利益には、しばし勝劣がある。

わが国のご利益は、垂跡された神の面がなお勝れておわしますのであると思う。

その故は、むかし、役行者が、吉野の山上において修行をなされていた際に、釈迦の像が現れ給うたけれども、役行者は、

「この御像では、この日本の国の民衆を感化することは困難であるにちがいない。隠れさせ給え」

と申された。すると、次に弥勒菩薩の御形で現われ給うた。役行者は、

「なお、このお像でも民衆を感化することは、とてもかないますまい」

と告げると、その時、当時の蔵王権現といわれているおそろしげな御形を現わし給うた。この時、役行者は、

「これでこそ、わが国の民衆を能く感化し給うことができる」

と申し上げたので、今もその跡を垂れ給うている。

釈迦の世界に住む劫が尽きるときには、乱暴で悪い鬼になって、道心の無い者を取って食うてしまう。人に道心を起こさせるようにすすめるのも、この心である。

行人が信仰の心が深くなって、一心に慎しみ敬うときに、はじめてご利益にあづかることができる。わが国の風儀として、神にはあらたかな賞罰があるから、信敬を厚くして、仏・菩薩は理に相応して、大きなご利益があるという。しかし、和光の方便によって、おだやかな儘にしていると、おろかな人は信仰をたてることがすくない。

金剛蔵王権現（金峰山本堂）

諸仏のご利益も、苦しんでいる者には、ひとえに重くなっている。したがって、おろかな者どもにも、ご利益を与える方便として、まことに深い慈悲の色が濃く、巧みに民衆を救うように方法を工夫する。

　このことは、「青き事は、藍よりいでて藍より青し」のように、貴い事は仏より出て仏より尊いのは、ただ和光神明のご利益によるのではなかろうか。

　古の僧は、寺を建立され給うには、必ずまず神仏の分霊を請いたてまつって拝むのも、和光の方便を離れては、仏法もたちにくいからである。

以下略

　金剛蔵王権現が現れるのは、釈迦・弥勒・権現になっています。現在、一般に伝えられているのは、まず弁才天が現れ、つぎに地蔵菩薩が出てきたが川上に去り、最後に金剛蔵王権現が現れたとされています。ここでは、おろかな人々を救うためには、それぞれ方便を使えといっているのです。

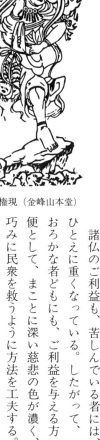

五　『元亨釈書』の役行者

『元《げん》亨《こう》釈《しゃく》書《しょ》』は、日本で最初の仏教通史といわれています。欽明天皇から後醍醐天皇（五四一〜一三三九）まで、およそ七百年にわたる日本仏教の歴史書です。

著者の虎関師錬（一二七八〜一三四六）は、京都の人で八歳の時に出家をしました。徳治二年（一三〇七）に鎌倉に下って、元の国から来た一山国師について修業をしました。ある時、国師から日本の高僧について質問をされたが、満足に答えることができませんでした。国師は、「あなたは博学で外国の事もよく知っている。それは悦ぶべきことであるけれども、日本のことになると応答に苦しむのはどうしたことなのか」といわれました。

虎関は発奮して、元亨二年（一三二二）に完成したのが『元亨釈書』で、漢文でかかれ三十巻からなっています。役行者のことは巻十五、方応の部にあります。

役小角は、賀茂役公氏で、今の高賀茂という者である。和州（大和）葛木上郡茆原（茅原）村の人であった。少年の頃から敏く悟り博学であった。兼ねてから仏教をとうとび、年三十二歳になって家を捨て葛木山に入った。巌窟に居ること、三十余歳であった。藤の葛を衣にして、松果を食に充てていた。孔雀明王咒を持して、五色の雲を駕として仙人の府に優遊していた。鬼神を追い払って、使役していた。日域（日本）中は、ほとんどすみずみまで修行のために歴訪していた。

ある日、山神たちに告げていった。葛木の嶺から金峯山にまたがっている間は危険である。苦行者であるといっても、なおもまた困難である。

「汝らは、石橋を架けて、通行できる路にせよ」と命じた。

山神の衆たちは命令を受けて、夜々に岩石を運んだ。橋を築営する作業に励むように、これを小角が督促した。しかも小角は、「どうして早く完成させないのか」と山神たちを大声で叱りつけた。葛城の一言主の神は答えて「顔形が甚しく醜いから昼の役は難儀である。夜になるのを待って作業に出るので遅くなる」といった。

小角は一言主の神を督促したが、彼はいうことをきかなかった。小角は怒って、一言主の神を呪でもって縛り、深い谷底につないでおいた。そこで、一言主の神は、宮人に託してつぎのように宣告をしたのであった。

「われは、逆賊を管理する神である。ひそかに小角を見ていると、潜かに国家をうかがっている。急いで退治しないと国家があやうくなる」

宮人は、これを聞いて朝廷に知らせた。文武天皇は小角を召し出すように勅令を下した。しかし、小角は空に昇って飛び去ってしまった。とても捕えることができなかった。

官吏たちは計略を設けて、その母を牢獄におし入れた。小角はやむをえなくなって、自首してきて獄に囚われた。ついに小角は豆州（伊豆）大島に配流になった。島に三年居たが、昼は禁制を守っていたが、夜には必ず富士山に登って修行した。海を踏んで走ることは、あたかも陸を行くようであった。そのはやいことは、飛ぶ鳥さえも及ばなかった。明け方になると小角は島に帰ってきた。

大宝元年に無実であると放免された。都に近づいてから空にあがり飛び去って行った。

小角はかつて、摂州（摂津）の箕面山に滞在していた。この山には滝があった。

小角は夢のお告げによって、滝口から入って龍樹大士に閲見することができた。覚めた後にお寺を建てた。それからは、箕面寺と号して龍樹大士を祠るお寺とした。

世間では、小角が自ら草座にすわって母を鉢に載せて、海に浮んで唐に渡ったといっている。

……中略……

古い記録に書いてある。道昭法師が唐にいた時に、五百の群をした虎が共にきて、挨拶の礼をしてから、その中にいた一匹の虎が人の言葉で、

「多くの虎が、新羅の山中には伏している。どうか、われらの荒々しいものたちを導いて下さい。法師が山に赴いて下さるようにお願いしたい」

と願っていった。道昭は、黙ってその請いを受けた。そのために新羅にいたって、『法華経』の

講義をした。多くの虎は傍で道昭の講義を聴いていたが、その中に日本語を話す者がいて進んで、「われは日本国の役小角である」といった。道昭はおどろいて、「どうして、此処にいるのか」と問うた。小角は答えて、「日本の本国では、神も曲ってへつらう故に、われは日本を去って、ここで異類を化すだけである。しかし、なお時々は、まだ日本に往くこともある」といった。これはまた、もって善応無方の一端とすべきである。

しかし、自分は、この事は年代が少しおくれているのであまり拘ってはいない。また、役行者が放逐されたということにも疑いがある。古い歴史にも、あるいは誤りがあるのではなかろうか。現今、大峯の険しい山に登り葛城山の深い谷を渡って修行する者は、みな開祖を役小角としている。その様子に自然に屈伏して、その考えを変えてはいないのである。ああ、役小角が遷化なされた後も、またなんと盛大であることよ。

論語にいっているではないか。紅白粉でかざられたなまめかしい容姿は、われわれの目を惑わす。そこで、つい好き嫌いをいうと。しかし鬼神はそうではない。天眼をもっているので、姿や顔形に美しいとか悪いとかいわない。一言主神もまたそのとおりである。

むかし、海神が自分の姿は醜いから書くなといったのに、その約束をやぶってあぶない目にあった始皇帝の話がある。

外国の神は醜いのを恥る。それというのも、鬼神にも類が多いから、好醜をいうものもいるのであろう。これには、わが国に似ている話もあるかもしれない。海神の話をもっていうのであるが、一言主神はそれに該当しないだろうか。

今までの役行者伝記では、一言主の神の出現について疑問をはさんではいません。しかし、ここでは一言主神の話は中国にある海神の話によく似ているといっています。本来、日本の神は美醜をいわない筈であると指摘しています。また、道昭の話は、年代が少しづれていると疑問にしています。この『元亨釈書』の話は、後に書かれた役小角の伝記には、かなりよく引用されています。

第三章　室町時代の略伝

一　『三国伝記』の行者の事

『三国伝記《さんごくでんき》』の撰者、沙門玄棟は近江の出身です。「山門の学僧」ともいわれるほど諸国を修行して廻り、天台宗に関係がある人と考えられています。この本は室町時代の初期、応永の末年から正長・永享・嘉吉（一四二七〜一四四三）までの間に完成したと考えられている仏教の説話集です。『私聚百因縁集』に比べて、文学的とされています。第二巻の第九には「役行者ノ事」金峯山本縁也とあります。

我いう。むかし、役の優婆塞行者が大峯を踏みはじめ給うた時に、九尺五寸の骸骨があった。左手には鈴を持ち、右手には鈷杵を握って仰ぎ臥していた。行者が、取ろうとしたが金剛のように堅く取れなかった。本尊に祈り給うと、「これは汝が第三生の骨である。此の山で修行し給うこと七生である。もし、取ろうと思うならば、孔雀明王の法を行うべし」と示し給うた。そこで、その法を行い給うたところ、所持していた鈴と鈷杵を捨てた。

その後、吉野山の奥の山上という所に座して、この山を観たところ、峯は高く険しく谷は広く大きかった。風の音はショウショウとして、金の光はコウコウとしていた。この山はみな閻浮壇《えんぶだ》金《こん》（閻浮樹《えんぶじゅ》の大森林を流れる河の砂金）である故に金峯山と号した。

ここにおいて行者は岩屋の中に坐して、「この山の権現として、金峯鎮護の霊神となるべき瑞相をあらわし給え」と祈念したところ、初めに弥勒菩薩があらわれ、行者は「柔和な慈悲の御像では争に叶うべきか」といって追い帰し給うた。

次に千手観音が化現なされた。行者は「この宝山を守護するためには、この御像ではとても叶うまい」と追い帰し給うた。

その後に釈迦如来が出現なされた。行者は「この御像でも六種の魔境（衆生が生死輪廻する六種の境界、天上・人間・修羅・畜生・餓鬼・地獄）を退け、後々百歳の悪業深重の民衆に利益が有るようには、とても叶うことは難しい」と追い帰し給うた。

その後に、堅固不壊の身の金剛蔵王が現れ踊り出給うた。行者は「善なるかな」といって安置し給うた。

蔵王権現は、「わが形が如何ようであれば、行者が用い給うか」といって、御手を以って傍の岩面を押しみがいて御影を写して御覧にいれると、石の面は閻魔様の御鏡のように曇りなく、浄らかな瑠璃のようになって御影は明々と光って写った。これを鏡石といって、今も明らかである。ここを「踊（涌）出の峯」と呼んでいる。

これから奥八十八町のところに、笙の岩屋という秘所がある。八十八種の煩悩を断つ上求菩提《じょうぐぼだい》の峯、八相成就（釈迦が民衆救済のためにこの世に現れ示した八種の相）の霊場である。かの一体分身の三尊は、三世了達（過去・現在・未来の三世を達観していること）の妙体、因縁によって現れる真如不可得の義である。

行者は御尊像を移して山上より下五里に去る金峯に安置した。これはすなわち下凡の衆生を教化救済するときに、和光同塵（仏・菩薩が本来の智徳の光を隠して塵のような汚れた人間界に姿を現わすこと）の相を示す所である。

今の蔵王堂がこれである。中は釈迦、東は千手、西は阿弥陀であると云々。……略……

参詣の人々、ご利益を得る事は計りしれない。

この『三国伝記』の出典は未詳ですけれども、類似の話は『沙石集』『私聚百因縁集』などにみえています。蔵王権現の出現を、民衆の済度というよりは、金峯山の守護鎮守の役に適した神とみなしているのは、従来の説とは異なっています。

二　『修験修要秘決集』の役行者

『修験修要秘決集《しゅげんしゅうようひけつしゅう》』は、修験道十巻書の一つです。切紙（奉書紙を横に二つ折り、半分にきったの に伝授された秘義や儀軌などを記録したもの。鎌倉時代から仏教界でひろく用いた）を集めて編集したものです。

智光蓮覚らの口伝などがあり、即伝《そくぜん》（生誕年は不詳）が大永年間（一五二一～一五二八）にはじめて収集し、元禄四龍次辛未年（一六九一）林鐘日の序文があります。上中下の三巻です。

その後、もっとも完備した修験道の教義書として広まり、江戸時代には元禄につづいて寛政十年（一七九八）にも刊行されました。

略伝は、当時の山伏たちが理解していた役行者であると思われます。

それ、先祖の役の優婆塞は、毘盧覚皇（ビルシャナ）が化身なされたのであって、また不動明王の分身である。仮りに、法性真如の宮を出られてから大悲の利生の門に赴かれ、わが国のために尽そうとして化され、そのご利益は法界を包んだ。

その姿や服装は、俗人の風をしていても、僧にも俗人にも慈悲をこうむられご利益を授けられた。そのご利益は言葉であらわすこともできないほどいちじるしかった。まことに役優婆塞は、日域（日本）に二人といない行者であって、霊験はきわまりのない大士であった。

『行者伝記』には、本覚毘盧尊（ビルシャナ）が応化なされて優婆塞になられ、結縁の衆生が、まさに一仏土に生まれられたと記してある。

『華厳経』には、これから東北の方向に金剛山という名の山がある。その山に法喜と号する菩薩がおられて、千二百人を倶にして説法をされたと説かれている。

法喜菩薩というのは役優婆塞の密号である。金剛山というのは今の葛城峯である。月氏（古の西域の国の民族）の国を出て、迦葉尊者と号して如来の心印を受けられた。また震旦（中国）に行って香積仙人と名乗り、生滅不二の秘術をあらわされた。

わが国に来られて役優婆塞と称し、十界一如の密行をお示しなされた。まことに三国を一体とした聖者であらせられ、機にしたがい時に応じて行者として現れ給うた。

仏が化身なされる所行は、およそよくよく考えても測り難いものである。

霊異の趣も、まことにその由縁がある。すなわち、高山の峯にのぼるということは、上に菩提の智徳を求めることを意味し、また深い幽谷に降りるのは下に衆生の悲想に化することをしめしている。

静々たる朝には、身を定水に洗って諸漏をすでに尽くす。朧々たる暮には、心を秘道に運んで生死を長断する。常にその効験を尋ねて、五色の雲に乗って大空を遊歩する。また空鉢を人々の集落に飛ばして、それでもって諸仏の供養に備えた。

多くの悪鬼が、行者の跡に現れて法輪を聞いて脱息した。その上、雨も衣装をぬらさず、上は徳を求めて天に顕われ、足は小さい虫類もふまず、下化《げけ》の益を地にしめした。このような勝業はすべてを計り称することもできない。

『秘記』にはいっている。高祖の役小角は賀茂役公、大和葛城郡茅原村人である。母は天から金色の独鈷が降りてきて口に入った夢をみた。寝てから後に、身重になったのを知った。それ以来、身からはあまねく光明を放ち、また異香は内外に香っていた。

自然にして人間の味を楽しまなかった。胎内にあるときにも、母に妨害はなかった。常に、青衣の女相（妥女《うねめ》のような女性）が来て使える夢をみていた。その姿は大弁財天女の画像と異なるところがなかった。

時が経って誕生の夕になると、五色の雲が産室をおおって、多くの仏が影向なされて、出胎を守護なされた。また、天衆が側にこられて魔障を降伏させた。

世間の人々は、

「まことに奇異な不思議なことだ。これは聖人が出世なされる徴である」

といった。

仁王三十五代舒明天皇御宇聖徳三年（六三四）辛卯の歳。懐妊してから七ケ月を経過して、十月二十八日丑の刻に、行者がお誕生なされた。生まれると、沐浴しなくとも美しい清浄な仏の相をしておられた。

国の人は、これをみて大変におどろいた。独鈷杵は仏法をまもる重要なものである。魔軍を破るのに大きな威力がある。ついに、大日如来の変化であること、また不動明王の権跡であることを知ったのである。

行者は、生まれて初めて語られた。

「われは、昔願うところ、今すでに満足した。一切の衆生を化して、みな仏道に入らしめる」

七歳から、慈救咒を誦することを始められた。毎日十万遍。学問は儒教と仏教の二典を究められ、修行は菩薩の六度の行（六波羅蜜の行）であった。住一印の覚位を証された。

ある時に五色の雲光が忽然として晴天の空にたなびいた。行者は、その瑞雲の出ているところを求めて行くと、摂津の国の箕面山の滝水の口に着いた。

さらに、滝口に入って親しく龍樹大士に拝謁をすることができた。無相の三密の印爾を領知なされた。これはすなわち、南天制底、行者がありのままの本性をひらいて、舎那の三密、自身六大（地水火風空識の六界）を究められたのである。今、入峯修行の秘法というのはこれである。故に、箕面寺と号して龍樹菩薩をまつる清浄な寺とした。金剛三密の徳は、広く十界に帰命するものである。山林抖藪の行者はあまねく回峯し、衆生に施すのである。

行者は三十二歳になった時に、家を捨てて葛城山に入った。巌窟に三十年余りも居た。藤皮でもって衣とし、松の実を食物としていた。安祥静座をしていつまでもあきることがなく、民衆を利益することが善巧であって、少しも怠りがなかった。おおよそ日本中の霊峯を修行して回り、鬼神をつきしたがえて使いとしていた。

仁王四十二代文武天皇御宇、大宝元年（七〇一）辛丑六月七日。五色の雲に乗って唐に入られ、ついに日本に帰ってこなかった。

時に七十一歳。御記文にいわく、

本覚円融の月は　はるかに西域の雲に隠れるといえども
方便応化の影は　普く東海の波に浮く

毎月七日、必ずこの土地にくる。あるいは、箕面山の滝穴に参入する。あるいは日本の処々の行路を検知する、云々。

まことに、これは善応無方の勝利であり、衆生を済度するのに善巧である。詞をかざって述べてはならない。人は誰でもみなこれを知っている。筆記してはならない。世をあげて信ずるところである。大略の趣きは、このようである。（添書分七通、第一役行者略縁起事）

秘記第三巻尊形篇にいわくとして、役行者像および左右脇の前鬼後鬼についての説明があります

（第二の役行者尊形事）。この略縁起には、役行者が一言主神の告発による伊豆大島への流罪については、全くふれていません。

第四章　江戸時代の略伝

一　『扶桑隠逸伝』の役ノ小角

『扶桑隠逸伝《ふそうおんいつでん》』上中下の三巻は、江戸時代の寛政四年（一六六四）に書きあらわしたものです。著者は、江戸浅草に住んでいた日連宗の高僧、法名は日政、字名は元政（一六二三～六八）といいました。仏教・儒教・老荘・和歌に精通していて、暇があると漢詩文を楽しんでいました。はじめて〈性霊説〉を主張しました。

文人であって、「寛文の詩豪」と云われていました。著書には『草山集』三〇巻などの漢詩文や、『本朝法華伝』三巻、『草山和歌集』などがあります。

この本の筆頭に、役行者すなわち役小角があげられています。他に伏見翁、民黒人、竹渓道慈、開成皇子や猿丸大夫など計七十五人を三巻に分けています。

洞窟に籠もり修行する役行者
『扶桑穏逸伝』より

小角という者は公氏である。和州葛木郡《かつらぎのこほり》茆原《ちはら》人である。敏く悟り、博覧であって、仏乗をとうとんでいた。壮年になってから、家を捨てて葛木山に棲んで、そこに踏みとどまること三十余年であった。藤の蔓を衣とし、松果を食物としていた。また、密呪（密教の呪法）を加持して鬼神を使い、薪や水を運ばせていた。

朝散大夫《ちょうさんだいぶ》（従五位下の唐名）韓広足《からひろたり》（韓国連広足）は、師としていた。後に、その能を害して、妖惑の罪があると謗って訴えた。

文武天皇は、小角を捕えるように勅命を下した。小角は空に昇り去ってしまった。役人は、その母を収容した。小角は止むを得ずして、自ら来て獄に入れられた。豆州（伊豆）の大島に、配流された。三年の間居たが、放免されて帰国した。その結果、小角は我が国を厭って、母とともに唐に入った。

讃えていわく。役公は、それ神僊の徒である。どうして、これを隠逸としているのか。けだし小角は、岩屋に棲むこと三十年。草を衣に、木食をした。これは、まさしく嘉遯《かとん》（義を全うし志を正しくするために世をのがれること）の式ではないのか。もし、それ鬼神を使役し虚空に高く飛昇するは、これ密呪の力である。不器の徳である。公の本領ではないのである。
むかし、求那跋摩《くなばつま》（南朝の宋の僧）は竺乾《じくけん》（竺乾公。仏をいう）を避けて、真丹（中国）に来た韜晦《とうかい》の士（自分の才能・地位などをつつみかくしている人）である。仰いで、付きしたがう。公が、日本を逃がれて異国に往ったのは、いわゆる一挙万里の風であって、同日に論すべきである。その母を携えて行くが如きことは、まことに困難なことではないか。

特に、従来から記録されている略伝とかわりはないようですが、『本朝神仙伝』にあげられている他の人物と、本伝にある人物はかなり違っています。

二　『修験心鑑鈔』の「役ノ小角」

『修験心鑑鈔《しゅうげんしんかんしょう》』は、僧常円が奥州会津若松（福島県若松市）にある不求軒において、寛文十二年（一六七二）に書いたものです。上下二巻になっています。

聖宝理源大師が説かれた『修験心鑑之書』に対して、常円が注釈をしたものとされていました。しかし、今は常円自身の著作であるとみなされています。

当山派で重視された教義書のひとつです。役行者に直接に関係があるのは、略伝が書かれている序文と、前鬼五鬼のことが書かれている下巻のところです。

役ノ小角という者は、賀茂役公氏である。

〔注記　小角は父無し。母は賀茂明神の末葉である。極めて悪女の故に、三十歳になっても夫はなかった。ある夜の夢に、牛角を飲んで、妊娠した。故に、その名を小角と号した。役というのは、姓である〕

大和の国（葛）上の郡茅原の里に生まれた。少年の頃から敏く悟り、博学であって深く仏教を信仰していた。

ついに都市の栄華を嫌って、藤の蔓を衣にして、険しい岩の峯や、高く霞む深い峯に居ることを楽しみにしていた。三十歳になってから葛城山に入って、寒い巌窟の中に三十年余りも住んでいた。

ある時に龍猛の印可を受けた。

〔注記　龍猛菩薩が現れて小角に向って、汝は不変不動の心境を得たのである。まさに菩薩を名とすべしといわれた〕

不変不動の地に行き、小角は心性に大悟の知見を得て山伏になった。修行をもって験を修めた。初めて金峯山大峯を開いた。人々はこの大峯に帰伏したといっても、今まで小角の正法を知っている者がいなかった。

ある時、舒明天皇が小角を招いたけれども出て来なかった。天皇は重ねて勅を下して、無理に小角を連れてきた。小角はやむをえず天皇にお会いした。

天皇は小角に対して、修験の本旨を問い給うた。

「わが行は、心を明らかにし人を救う道であります。それ以外のものではないのです」と小角はお答えした。もし、天皇がこれを信じて法をもって体とされるならば、天下を必ず平和に保つことができると、小角は天皇に疑わないように請うていわれた。また、小角は、今後ともわが修験の徒が、遠い山あるいは近くの峯に入るけれども、船や関所の煩いが無いようにして下さいとお願した。天皇はご承諾し給うた。

小角は朝廷を退出して、ふたたび峯に入った。

しかしその後、小角は七十一歳、大宝辛丑（七〇一）三（五か）月七日に海を渡り去って行かれた。居住していたところは、ついに知られていない。

役の徒は法を修行するけれども、さらに悟りを開いていない。明師がいない故に、法はおとろえ道は絶えて入峯を怠ること、すでに三百年にも及んでいた。

しかし世の中に仏法が盛んになって、ここに醍醐の聖宝が、小角の所伝の法を観じられた。以下序…略。（「修験心鑑鈔序」『修験心鑑鈔』）

われは、山中に住んでいた時に二鬼がいた。咒念のご利益をもって、彼等をたちまちにして人に化した。まして、人にして仏の身になれないことはない。

小角が山中にいた時、二鬼が相従った。夫は赤眼、婦は黄口といった。五つの子を生んだ。鬼一・鬼次・鬼助・鬼虎・鬼彦と名づけた。彼らは初めは箕面山に住んでいた。その数、いく千人ともしれないほど人を殺した。その時に小角が方便を使って、二鬼が深く愛していた鬼彦を呪でもって岩屋に隠してしまった。

二鬼はたちまちおどろいて、上は天上にも昇り、下はあの世の黄泉の国にも行き、大気を制し風をも排して、宇宙をくまなく尋ねて廻った。しかし、ついにその居所が分らなかった。そこで、最後に小角の所にきて地に頭をすりつけ礼拝していった。

我らは子を失って、ついに帰ってこない。どうか小角尊者のご慈悲によって、居所を教えて下さいとお願いした。小角は、汝らがわが言葉に従うならば、愛する子を与えようといった。

彼らは、もし子が帰ってくれれば、尊者の仰せ通りに従いますといった。

小角は、それでは人殺しをするなと叱った。すると、彼らは顔色を変えて、我らは何を食えばよろしいかと問うので、小角は鳥や獣を食えといった。すると二鬼は、この山に久しく住んでいたが、獣類はみな遠くに去っていなくなった。それ故に人を食うと白状した。

小角は、それでは栗を食って飢えをしのげ。かならず約束を守れと命じた。

その時に、空に不動明王と号する一仏が現れて、我は汝らが人を悩ますように、悪魔を降伏さ

前鬼後鬼は役行者に従う　『役行者御伝記図会』より

せる。もしも我の言葉にそむくと、かならず汝らを害すると告げて鬼彦を二鬼に授けた。

二鬼は、涙を流して悲しみ、泣きながら申し出た。尊者様は、誠に広大なご慈悲のお方である。どうか、我らを済度して下さいとお願いした。悪い害心を反省して、師としてお仕えしたいと願った。

小角は、善かな善かな。汝らは常にこれを唱えて怠けてはいけない。わが身を見て、菩提の心を発する四句の偈を授けようといわれた。二鬼は、常にこの偈を唱えて、永久に人間になることができた。

小角は箕面山を改めて、釈迦之岳と名づけた。二鬼は名を改めて、夫は前鬼といい、婦は五（後）鬼といった〈あるいは、五鬼とは五人の鬼童であると説いている〉。

しかしながら、行者は、いわゆる前鬼五鬼というは、生死をあらわすといわれた。

前鬼というのは、進むこと生である。五鬼とは、死であり滅である。鬼は、屈であり、色身が消滅しているのを鬼という。

人生まれて日は往き月来たり、年々人は同じからずして、色身は変わる。これ、日すでに過ぎて、また命も衰滅す。生まれ住みて異を滅す。これみな無常の殺鬼である。五は、五根五形である。色相、日に衰え、身相、年々変わる。これ肉身を食う鬼なり。…中略…

またいわれた。前鬼五鬼とは、生死・出入・衰退・盛衰・屈伸をあらわす。四蛇・五鬼・八龍は、体は異っても人を悩まし害をする所以は、一つで同じである。(『修験心鑑鈔』巻下)

この本では前鬼後鬼の物語の内容が、鬼子母神の説話と大変によくにた筋になっています。鬼子母ははじめは大変に邪悪で、他人の幼児を奪い取ってきて食べていました。仏様はこれを戒めるために鬼子母の子を一人隠しました。鬼子母は非常に悲しんで、仏様にその子を尋ねました。仏様は、それは鬼子母に子を食べられた母の悲しみであると責め戒めました。そこで鬼子母は仏様に帰依して善神になったといいます。

また、前鬼後鬼にたいしても特有の赤目、黄口という名前がつけられています。

後編　役行者伝記

役行者前鬼後鬼像（出水元一氏画）

第一章　『役行者本記』最初の小角伝記

役行者については、前編で紹介した平安・鎌倉・室町時代へと多くの歴史や仏教の書物の中に略伝などがありますが、役行者伝として一冊にまとまったものはありませんでした。修験道が発展し、開祖として役行者の伝記が必要に迫られ、書きあげたのが『役《えんの》行者《ぎょうじゃ》本記《ほんぎ》』で、『宗祖本記』とも呼ばれています。実名を出さずに、行者の弟子義元に託しています。

役行者の生涯を年代を追って漢文で書いています。また修行した各地の山岳や修験道に関する儀礼や教義などの説明も書き込められています。実際の著者は、おそらく伊豆辺り真言系の僧侶によるものと推察されています。

原文の内容をなるべく平易に伝えるように現代風に変えたところもあります。原文にある明らかに誤りと認められる箇所は訂正をしました。

第一　出生の部

小角の誕生は仁王三十五代の舒明天皇聖徳六年（六三四）甲午の正月元旦。大和國の葛城の上の郡、茅原郷（奈良県御所市茅原）の矢箱村の加茂氏の家で生まれた。

小角は生まれる時に、手に一枝の華を握っていた。生まれるとすぐによく物をいったので、母はおそれてこの子を育てることができないと思った。

その子を村はずれの野原に捨てた。ところがその子は乳を呑まなくても、飢え衰える兆しもなく、鳥や獣もよく慣れ、その子のそばに付き従っていた。犬や狼も、あえて危害を加えようとはしなかった。その子が寝ている上の空には、紫の雲が自然にただよってきておおうので、雨にも露にも少しも濡れなかった。そのため母は、また取り戻して養うことに決めた。

その子は白い顔色をして、いつもよろこびの微笑みをたたえて大きな立派な体をしていた。日頃の行いや行儀なども、世間の人々とは異なっていた。日常、遊んでいる時でも、衣が雨や露にも少しも濡れず、また動き廻る小さな虫さえも踏みつけて殺すようなことをしなかった。自然のうちに救蛇苦明王の呪を憶えて知っていた。人々に呪験をほどこすと、不思議な効験があらわれ、珍しい験が大変に多かった。

小角はいつも子供たちとは一緒に遊ばないで、ただ独りで石を拾い泥を丸めて仏塔や仏像をつくっていた。そして、うやうやしく敬い礼拝するのが毎日の遊びになっていた。このように小角はそこらの子供らとは全く違った非凡な子であった。

第二　小角の系譜

小角というのは幼名である。成人した後にも、あえていみ名はつけていなかった。父は大角と名乗り、その家は代々歌や音曲にすぐれた家柄であった。それ故に父の字名は大角といい、これは腹《はら》笛のことで、小角とは管《くだ》笛のことである。常には、ただ小角とよんでいた。この家は雅楽の君ともいい、また征戦にも大変に勇気があった。

小角の系譜は、次のとおりである。

素佐之男《すさのお》尊は大己貴《おおあなむち》命を生み、この命は事代主《ことしろぬし》命を生んだ。この命は、天日方奇日《あめのひかたくしひ》命を生み、命はまた、武飯勝《たけいかつ》命を生み、命は武甕尻《たけしかしり》命を生み、この命は豊御気主《とよみけぬし》命を生んだ。この命は、大御気主命を生み、命は阿田賀田須命を生み、命は大田田禰児《おおたたねこ》命を生んだ。

この命は加茂津美命を生み、命は加茂真木島《まきしま》臣を生んだ。島は天男成《あまのおなり》臣を生み、男成は大加茂主命を生んだ。加茂主は、吉加茂年《よしかもとし》臣を生んだ。

吉加茂年臣は、彦太《ひこふと》加茂臣を生み、彦太は衣取手《きぬとりて》臣を生み、衣取手は事八十《ことやそ》加茂臣を生み、事八十は高加茂飯田臣と加茂羽咋菱形臣を生んだ。

飯田臣は、和泉國の蜂田に住み、また菱形臣は出雲國の山崎江加茂に住んでいた。飯田臣は田《た》女己地《ぬおち》臣を生み、田女は彦友加茂を生み、彦友は山護主《やまもりぬし》臣を生んだ。

この臣は、大和國の葛城山のふもとに住んでいた。高加茂の姓を賜って、君を号とするように命じられていたので、高加茂山護主君と号していた。山護は久古井君を生み、久古井君は高年《たかとし》君

小角の母独鈷杵を呑む夢を見て懐妊　『役行者一代記』より

を生み、この君は年足連《としたる》君を生み、年足連君は日年奇《ひとしくし》君を生み、日年奇は金足君を生み、この君は事葛城君を生んだ。

この事葛城《ことかつらぎ》君には男子が無く、名を白専女《しらたおめ》と呼ぶひとりの女子がいた。そこで出雲の國の加茂の富登江《ふとえ》の子を養子にした。幼名は大角であったが、成長してから名を高賀茂真影《まかげ》麻呂と改めた。白専女の婿として結婚させ、真影を十十寸麻呂《とときまろ》とした。これらが小角の父母の姓名である。小角が出生した後に大角《ふとき》は離縁して出雲の國にかえったが、彼には数人の子があったという。小角《ささき》が役と名乗ったのは、鬼神を使役したからで役君と称していた。役公と呼んでいるのは誤りではなかろうか。

第三　小角の奇特の部　その一

小角の母君は、舒明天皇五年（六三三）三月二十八日の夜に不思議な夢を見た。天空に赤々と輝く不思議な物が浮かんで、その形は金剛杵に似ていた。これが静かに降りてきたかと思うと、白専女の口の中に跡方もなく入ってしまった。白専女が目をさますと金剛杵の入った口の中は自然に甘くなっていて、これが一生消えなかったという。産室にはよい香りがただよって、まるで蘭の花の部屋にいるようであった。

生まれた子はすぐに物をいった。小角は十三歳になってから、毎夜葛城の峰（今の金剛山）によじ登り、暁になると家に帰ってくるのが日常になっていた。十七歳になって家を出てしまい、藤の皮を身に着けて衣服とし松葉を食物にして苦しい難行修行をつづけた。修行を怠けたり止めたりするようなことは一度もなかった。

秘密の乗を、自ら感じとって知っていた。またいろいろな仏の教えをみな憶えて唱え、自然の智慧を悟ることができた。法喜菩薩に親しく接してその説法を聞いて発心し、迷いの夢をさまして三昧を得、持明の仙人になって雲に乗り、忉利天《とうりてん》の上に昇り、あるいはまた、竜宮の仙冥土に遊行して教化することもできた。

斉明天皇四年（六五八）戊午。この年小角は二十五歳。小角は四月五日に摂津の箕面山の頂上にある滝に臨んでいた。信心にこり誠をもって修行に勤めていたところ、速やかに天上に昇って龍樹大士の浄土に行き着くことができた。

そこに番人がいて誰かと尋ねられた。小角であると答えると、すぐに内院に入れられた。そこは広々とした荘厳な寺院で、高い建物や御殿が軒を並べて建っていた。瑠璃をしいて地としてあり、黄金の台、玉の階段、宝鈴は青黄色、紅白の蓮華のよい香りがいっぱいにただよっていた。霊樹は並木のように列をなしていた。珍しい小鳥が美しい声をだして、解脱の法門をさえずっていた。

摩尼の宝珠の光燈は明るく輝いて、立ち並ぶのぼりや旗が香風になびく音は、自然さながらに大乗の妙法の門を説いているように聞こえた。その他に数え切れない程多くの金錫の太鼓が、自然に鳴りひびいて供養の有様をあらわしていた。

天然の妙なる甘露の飯食が、雲海から転々として湧き出てきて、自然に中央にある七宝の厳かな台の上に静かに供えられた。また宝の蓮華もあった。その台の上には龍樹菩薩がおられた。身は白肉色で結跏扶坐しておられた。頭には五智の宝冠をかむって、右手には一股の金剛杵をもち、左手には理智の宝箱を持っていた。

大弁才天女、徳善大王これすなわち深沙大王、また金剛・胎蔵両界の十五童子が前後左右と周りに侍立して並んでいた。

その時に徳善大王が座から起立して香水をとり小角の頭の頂にそそぐと、龍樹菩薩は小角に対して極大甚深の印明（印と真言）を授けられた。これによって小角は速やかに九界を超えて直ちに妙覚の地にいたった。頓速の速さでたちどころに秘密の奥にいたって、これらを受けてすでに帰ってきた。これは七月三日のことで、この間にすでに八十余日を経ていた。

天智天皇六年（六六七）丁卯、小角は三十四歳。四月に初めて大和の大峰に登り、剣の峰（八剣山、八経ケ岳）に達した。そこには一体の骸骨が横たわっていた。しかし、その五体の骨は分離してはいなかった。身長は九尺五寸、左手には独股杵を握り右手には利剣をもって、上を向いて臥していた。小角が手から持ち物を取ろうとした。一心に力をいれて動かすと、山はゆれて動いたけれども取ることができなかった。

小角は悲しみ、修行の力も効験がないのはまさにまた、これも因縁があるのかといって嘆いて、小角は天に祈り、さらに苦しい修行をつづけた。小角が疲れ果てて気絶し、横に臥していた。その時に声が聞こえて告げていうには、

「小角よ、汝はこの峰において一生を終わること七度である。これは第三生の遺骸である。まだこの峰には、他に二生の遺骸があるぞ。千手の呪（千手観音の陀羅尼呪）を五度と化呪を三度唱えてからこれを取れ」と告げる声が聞こえた。小角は教えにしたがい呪文を唱え、持ち物を取ろうとすると、骸骨は手を開いて自ら小角に授けた。

小角は一生の間、これらをもって身から離さなかった。これから西向野（小笹）に往くと、また一体の骸骨があり、それは第六生の遺骸であった。釈迦ケ岳にも、なお一体の骸骨があり、それは第五生のものであった。

第一生は、人王三十代の允恭天皇の御代であり、第三生は安康天皇の御宇に当たる。第五生は清寧天皇の末年にあたり、また第六生は安閑天皇二年乙卯（五三五）に当たる。第七生になって、ついに経歴の功が果たされた。これは空から告げる声であった。

第三　小角奇特の部　その二

天武天皇九年庚辰（六八〇）小角は四十七歳。大峰に登って深山に住んでいた。三密瑜伽の観想

にこって、ついに十界輪円の妙道に達することができた。

この時には、閻魔法王・五道大神・太山府君・司令司禄・地水火風の神々が地から湧き出て小角を守った。神鬼も小角につきしたがい、狼や猿や狐や狸までが慣れ親しんで、一夏九旬の間、ここを居所に決めていた。

阿縛吽の奥旨を想念したが、解ることは少なかった。小角はまた大きな樹を伐って卒塔婆を作り、その数は一千にも達した。また一千の石塔も造った。

その文にいっている。

東　所成根本　貧瞋癡等　不改当位　毘盧遮那　三点法身
南面　不断煩悩者　入於遍知院　不論迷悟者　超菩薩十地
西　一切諸衆生　法爾法然住　自在遊楽都　五峰金剛頂
裏書　白鳳九年庚辰七月自恣日　密乗佛子小角爪印　云々

この文は、小角優婆塞が龍樹大士から相承ったところの秘文である。これはわが道の極位である。もし顕にこの文を書いたならば、仲間の誰かが仏陀三宝の冥罰を必ずうける。

白浄上人・善顕法師・了満比丘らは、みな小角の徳に感じて恭しくつきしたがって修行をした。

天武天皇十三年（六八四）甲申、小角は五十一歳。芳野を出発してから一昼夜のうちに相模の八管山に往き、五七日を限って薬師仏の秘法を修めた。すると天童が下に降りてきて、小角に天蓋を差しかけ、また天人が舞を奏でた。小角は、その後一昼夜に百体の薬師・百体の地蔵・百体の不動の石像を彫って、これらの仏たちの開眼供養をした。小角が仏たちに対して、それぞれ有縁のある場所に住むべしと告げて空に投げると、それぞれ仏たちは、縁に任せて空から赴いていった。それから後、一昼夜のうちに小角は芳野に帰ってきた。

持統天皇二年戊子（六八八）小角五十五歳。定に入って金色の世界に行って文殊師利薩埵に遭った。小角は涅槃以来、容顔をまだ見ていないといった。薩埵はどこの土地を救うのかと問われた。小角は日東であると答え、汝は前世をよく憶知していないが、この法に託すといった。それはまだ翻訳されていないところの『三身寿量無辺経』であった。大峰の経ケ岳に封じておいたのである。この時の談話は良い話で長かった。

持統四年庚寅（六九〇）三月。小角五十七歳。出羽の國羽黒山に赴き、近くの峰を巡ること数ケ所。三日ばかりで、大日・観音・不動・荼吉尼天・大黒の五尊の像を彫って作り、みなこれを安置した。それぞれ光を放って談話した。荼吉尼の一天だけは菩提の段にいたらなかった。小角は、弾劾してこれを折り断とうとした。この荼吉尼天は仮の峰に走っていったので、小角は笑って、

「汝は凡夫の身、まだ民衆を救える段までにはいたっていない。我は汝が無力であるのが嘆かわしい」

といった。住むこと五十余日。一日にして芳野に帰ってきた。

文武天皇三年（六九九）己亥、小角は六十六歳。五月に葛城の神のために密告されて、天皇までに上奏された。その罪によって伊豆の大島に流された。ここに三年間もいることになった。

昼間は禁制を守って島にいたが、夜になると、天城・走湯・箱根・雨降・日向・八管・江ノ島・日金・富士山などに通った。毎朝、暁の頃になると島に帰ってきた。小角が水の上や空を行く時は、電光も及ばないほどの速さであった。

少し暇がある時には、手遊びに不動明王などの五大尊を作って波の上に浮かべ、もし縁がある土地があれば、そこにいって住むようにと放してやった。しかし天城の下の水面に留まり、毎夜光を放って小角の身体を照らしていた。

葛城の神がふたたび託宣して、小角を死刑にするように天皇に上奏した。

翌年、文武天皇四年庚子（七〇〇）小角は六十七歳。十月に死刑を宣告された。小角は、畜わざる者は穢身であっても我が身はすでに仙、心もすでに仙であるといって刀を身に受けた。振り下ろした刀は段々に折れてしまったが、小角の体は少しも傷つかなかった。小角は折れた刀身をなめた。すると餅飴のようになって滴がしたたり落ちた。

静かに考えてみると、このことは波羅蜜の力によるものである。死刑を執行した役人は、都に帰ってこのことを天皇に上奏した。

文武天皇五年（七〇一）、小角は六十八歳。正月に小角の罪が免除されて、天皇の使者が伊豆に赴いた。小角はすでに暁に海の上を渡って遠州の地で使者を待っていた。小角は使者に向かって、流罪を免れたことを知った故にご恩に感謝をして出迎えにきたと告げた。

使者は黙ったまま一言もいわなかったが、役人と共に都に帰った。使者はこの事件のことを天皇に報告申し上げた。

天皇は小角の労苦を慰労して、彼に家冠を下賜された。これは通常、黒色長冠と名付け、小角の家では代々相伝える冠となっている。小角は天皇の仰せによって国師になり、拝礼して退去してきた。

第三　奇特の部　深秘の部の一（蔵王権現の示顕）

天智天皇十年（六七二）辛未、小角三十八歳。小角は四月に山上に登った。

思えば往きし昔、この峯には神が鎮まり給い、権現として小身を現して告げられた。

「朕は、これ大匂《ふとまかり》大兄（安閑天皇）広国押武金日尊である。過ぎ去りし昔、霊山会上に滞在して法を聞いた。先には、天皇となって皇業を輔け、日域を教化してきた。今は、この山において権現となり、この身を現して民衆を救う。滝穴に居所を定めて、慈氏（弥勒菩薩）の出世を待っている」云々。

小角は、今から七日に限って、捨て身の苦しい修行をした。現にその神に閲して誓った。一日一夜に、心経を一千巻と不動呪十万返とを一心に勤めて、いよいよ最後に青黒い怒りの身を現した。右手には金剛杵を持ち、左手には刀印を結んで腰に当てていた。小角はおどろき仰いで礼拝した。すると偈を説いて申された。

昔鷲峯（霊鷲山）に在り牟尼を名とす　今は海中金峯山にあり
衆生を度するために蔵王となり現る　今世も後世も引導する

このように唱え終わると、虚空から三股の岩穴の中に入り隠没なされた。そこで小角は穴の上の岩に塔を建て、等身の像を安置した。この時、蔵王は誠に意味の深い説教をなされた。山上の南面にある剣の峯には、宝石がある。一丈余の大きな石が蓋をしている。これは蔵王が湧き出られた盤石である。この崖の中には、長さが五指ばかりの真の宝珠がある。また、身を蔵していた所は塔の下である。甚深甚深、極めて深い。

第三　奇特の部　深秘の部の二（一言主神と二鬼との出会い）

持統天皇九年（六九五）乙未、小角は六十二歳。小角は神通力を使って葛城の一言主神に、つぎのように命じた。

「汝は、邪心があって勝手気ままに民衆の生活を損なっている。金峯には神名を蔵王菩薩と称される方がおられる。むかし、霊山において一乗の妙法を説いて民衆を救われていた。今は仮に不思議な身をして現れ国土を鎮め護りたまい、弥勒菩薩が降りてこられるのを待たれている。汝は、今から後は日夜金峯に通って蔵王につきしたがい申せ。霞を橋のようにして通し、他のことは考えるな。そうなれば我もまた、この浮き橋を渡って汝と永くともに往こう」

これを聞いた一言主神は答えて、

「我は顔形がみにくいので他人に付きしたがうことを恥としている。我は須佐之男尊の子孫であるから、我を超えて他に何の神があろうか。持って生まれた自分の性を変えないのも我が性である。汝とは今後ともに語らぬ」

といった。こうしたいさかいがあったために、一言主神は宮殿の門前で託宣をした。

小角は伊豆の大島から帰った後、不動明王と孔雀明王の両呪法をもって一言主神を縛ってしまった。すると一言主神は長さが二丈半ばかりの黒蛇になった。小角はそれを葛城山の東の谷底になげこんでしまった。

今では邪心の性も伏せてしまって、怨に報いることもできないようになっている。

天武天皇白鳳元年（六七二）、小角は三十九歳。小角は生駒岳に登り、連日にわたって苦しい修行をしていた。ある日のこと、突然に二匹の鬼が小角の前に現れ出た。ひざまずいていうには、

「われらは、これ天ノ手力男神の末孫であります。この山に住み、まだ人間にはしたがっていません。なお神通力を持っています。今は大士（小角）様は菩薩の位におなりでございます。その身を現し生きとし生きる民衆を救済し、ご利益をあたえられています。

どうか、われらも付きしたがうことをお許し下さい。これから永く背くようなことはいたしま

せん。これは、先祖の神が使わせ給うところであります」

と弟子にしてくれるように願い出た。小角は喜んで、

「それは善いことである。汝らの請うところを許す。今から先は、我の命じることに永く背いてはならぬ。これからは、夫は善童鬼と名乗って智の業、また婦は妙童鬼と号し理の業をせよ」

と、命じた。

その故に、妙童鬼は左手に水瓶を持ち、右手は施無畏印をほどこして、小角の右にいる。民衆に、胎蔵大慈の理水を潤沢に施すのである。口は、開いて阿字を唱えているのは、自然に胎蔵性を示している。色が青緑色をしているのは、陰を表しているのである。

善童鬼は、左に居て、右手にまさかりの斧を持ち、左手は、拳にして腰に置き、背中には笈を負うている。まさかりの斧でもって、有漏の道すなわち迷いの世界を切り開く。また、無漏すなわち煩悩のない菩薩の道を開くのである。

拳は、魔鬼の堅をもよく打ち砕くのである。笈は金蔵を表示す。また、身は赤色で陽をあらわす。口は常に閉じて吽字を唱え、金剛性を示している。

両鬼は、常に小角の左右に付き従っている。小角は、前・後鬼に金峯の奥に住むように命じた。弟子の義覚らの末徒の者たちが大峯修行をするときには、前・後鬼の子孫たちも親しくつきしたがうように命令した。云々。

右に述べたのは、小角の顕の三尊の形である。密の三尊の形は、小角は通常のようであるが、左は義覚、右は義元である。

最深の形像においては、中央の小角は、形は文珠菩薩のようである。右手には利剣を持ち、左手には独股の金剛杵を持っている。頭には、華冠をかむって、玉の蓮華に座っている。身は、白肉色で微笑の形をしている。

これすなわち、因地向上の形である。義覚と義元は、それぞれ衿羯羅と制陀迦の二童子である。通常は、義覚と義元は果地向下の形である。はなはだ秘密、極秘であり、秘密にすべきである。

同年十月。大峯に滞在していたが深い雪を越えて深禅（深仙）に行った。八大金剛童子も集まって般若の法会を修めた。その座上に、ふたたび龍樹薩埵が現われて申された。

「小角よ、先に汝に灌頂の密意を授けたのは、我が祖先が金剛薩埵から相承している摩訶毘盧庶那如来が説かれた諸仏の三密を伝えるためである。十地の菩薩までには、なおまだこれを聞くことができない。いわんや地前の菩薩はその門を伺うことさえも難しい。

我は釈迦如来が涅槃に入られた後、八百歳になってから世に出たけれども、実は久遠の年月を積み重ねて菩提になることができたので名は妙雲相如来という。仏の化導をお助けして民衆のいろいろな迷いを救いたいと願うために、身を現して華厳未来の法会（華厳会）に列席したのである。隠没したり現れたり、久しい間華蔵界にいて薩埵の秘密の灌頂をうけた。今またこれを汝に授ける。この法を未来永劫に博く広めて、隠没させてはならない。これは秘密で最も重要なもので、深く蔵しておくべき精神である。

我は智界においては金剛の語になり、理界においては文殊菩薩になる。今、この経を授ける。一つは『大日経』、二は『金剛頂経』である。堅くこの経を持して断絶することがないようにせよ」

と小角に大変に丁重に委託し伝授してから、すみやかに隠没された。

この経は、最後になって、小角が深禅の妙覚門にある四天の広目天の臍の岩屋に納めて、誓っていわれた。

「目天よ、汝は諸々の龍のうちで上首の龍である。これを納めると龍宮にゆける。もしも末世になったとしても、この経王の功徳を隠没させせないならば、臍の岩屋から浄水が自然に湧き出てくる」

と誓い終わると、すぐに乳水がみなぎり湧き出てきた。これを香生水（香精水）と名をつけた。これ以来この水を呑むと病気がたちまちに治った。また、刀剣を洗うと永く錆びないという。これは両部の経王の力によるものである。


（第三　奇特の部　深秘の部の三　文言無し）

第四　小角　経歴の部

天智天皇九年（六七〇）庚午、小角は三十七歳。七月大峯を出発して、三日のうちに出羽の国の羽黒山に着いた。それから、出羽の国の月山・湯殿山・金峯・鳥海山、奥州の秀峯（？）などを巡って、二十二日の後に大和に帰ってきた。およそ里数にして三千百里。

天智天皇十年（六七一）辛未、小角は、三十八歳。五月には上野国の赤城山に行った。下野の国の二荒山（日光山）・越後の伊夜彦山（弥彦山）・越中の立山・加賀の白山・若狭の越智山・近江日枝山（比叡山）・山城の愛宕山などを巡って、四十余日後に金峯に帰ってきた。

天武天皇白鳳二年（六七三）癸酉、小角は四十歳。六月に伊勢の両皇宮にお詣りをした。二見の浦・尾張の熱田、三州の猿取・峯堂・白峯、駿州の富士、相州の足利（矢倉岳）・雨降・箱根、伊豆の天城・走湯、相州の江ノ島、常陸の筑波、三岫の香島・香取・浮巣、信州の浅間岳、甲斐の駒ケ岳、信州甲州両国の内の御岳・美濃の南宮・鳳凰山、近江の息吹山（伊吹山）・石山、大和の笠置山などを巡って、四十数日の後、八月上旬に葛城山に帰ってきた。

天武天皇七年（六七八）戊寅、小角は四十五歳。八月に西州（山陽道、四国、九州）に赴いた。讃州の八栗岳（五剣山）・筑前の背振山・豊前の彦山・筑後の高羅（高良山）、日向の霧島・土佐の足摺・伊予の石鎚、薩州の鹿児山、日向の憶原・高千穂ノ岳・速日岳・小戸瀬戸、豊前の木綿（湯布岳）・宇佐山・日向の阿蘇山・筑前の朝蔵山（朝倉山）・御笠山（宝満山）・宗像山、長州の表景山（面影山）・周防の盤国山（岩国山）、安芸の厳島・備後の武部山・備中の黒髪山・弥高山、美作の塩垂山・播州の青山・赤山、石見の八上山・出雲の手間山・杵築社、伯州の大山・但馬の国山・丹後の橋立・大山、丹波の大江山・北峯（北大峯、岩屋山）などを巡って、十月下旬に大峯山に帰ってきた。

天武天皇十一年（六八二）壬午、小角は四十九歳。四月に大峯を経てから、熊野に行き、三山に詣り、みなはその神に閲した。紀州の三栖山・百重山・真形《まなかた》・飽美《あくみ》山。ことごとく経歴して、摂州の箕尾・毘陽山・摩耶・和泉の荒山・河内の生駒山を、常に遊戯の地としていた。

天武天皇十二年（六八三）癸未、小角は五十歳。四月、直ちに三熊野（熊野三社）山に赴いた。順に歩いて玉置に留まる。修行して護摩の供養をすること百度。

剣光門、ここは地鎮の神の威力が猛々しいので、宮殿を建てることが困難であった。神に灌頂の秘法を授けた。ともに歩いて、大日岳・釈迦ケ岳・空鉢岳・七面《ななおもて》山・弥山《みせん》に着いた。なおも歩いて西向野（小笹）に赴きたいと思っていたが、足を痛めて進むのが難儀になってしまった。それ故に弥山に居所を定めて数ケ月の間、護摩を修めて、ついに西向野（尾笹と号す―小笹）に行き着くことができた。

同行の神々には秘密の灌法を授け、また十五金剛童子にはその鎮地をあたえた。七大召童子は、葛城山に通わせて久しく住むように命じてつかわした。

しかる後に、吉野を出た。大峯を経歴することをここに於いて果たすことができ終わった。九月十四日であった。

持統天皇金明二年（六八八）戊子夏、山城の愛宕山に遊行してとどこおりなく修めることができた。

持統十一年（六九七）、この年文武元年丁酉。小角は六十四歳。二月に伊豆大島に流されて、三年の間住んでいた。富士山に登り、毎夜、天城・足利・走湯に往来して修行に専念するのが日常であった。

文武天皇四年（七〇〇）庚子、小角は六十七歳。京の都に帰還した。

第五　小角灌頂の部

小角は、わが道に入って悟りの果を得たい者はかならず「十界頓超」（速やかに九界を超えて悟りの十界に入る）の行をしなければならないといった。

まず地獄の行とは、いろいろな雑事を修めることで、毎日苦しい行に専念することである。餓鬼の行とは食事のことを絶って日を過ごすことである。畜生の行とは重い荷物を担って険しい山や谷を超え、肩に荷を担い、食は諸々の聖者尊者や師をはじめ目上の方々に供え、同法の有情を憐れみ養うことである。

修羅の行とは、果実を拾い水を汲み木を伐ることである。また賢くないことは止め、まだしばらくの間も休まず、時に臨んで柔和にあるいは剛毅な像を現して、民衆を救う法にしたがうことである。人道の行とは、仏を敬い法を敬い僧に礼し、あらゆる存在するものをうやうやしく敬いその分を守ることである。

天道の行とは、苦行修行して仙人になりたいと乞い、身体は頑丈に顔や姿は円満にして、ただただ礼拝につとめることである。

声聞の行とは、四諦の法を修めて四念住に止まる。苦集滅道の四諦と四つの身受心法とを観して、自らを得ることをいう。縁覚の行とは十二因縁の法則を観ることで、過去の二因（無明・行）と現在の三因（愛・取・有）五果（識・名色・六処・触・受）および未来の二果（生・老死）とは、これ一切の有・無漏法を取り入れているので、これは諸々の修行の経路である。

菩薩の行というのは、広く大きな慈悲の心持ちでもって、因果と往来の二明をよく察し、六度（六波羅蜜）を修めて欠けるところもなく、壇に入って灌頂して仏の教えをききいれ、許しを受けて諸法の性相をよく観て、にわかに有漏（苦修）を越えて無漏界（滅道）に入り、無作本有の正果を得ることである。

その菩薩の灌頂とは、先ずよく心をして六度に持たしめ深く心に銘記して忘れず、何れかの如来の心を称して四方に礼拝すること三度。この時、にわかに心の性を證して菩薩果の十地を自ら超越するのである。以下略す。

第六　小角建造の部

天智天皇七年（六六八）、小角三十五歳。二月に山城の国の笠置山において修行をした。
寺院や堂を建立して竹林寺と名づけた。

同　九年（六七〇）、小角三十七歳。
芳野寺を建て、この寺に住んで行者の本院と称した。

同　十年（六七一）、小角三十八歳。山城の兎道里に一つの建物を立て御室渡寺と名づけた。

同　年、冬に海住山を開基した。

役行者の生家茅原寺　『近畿名蹟全書』より

天武天皇二年（六七三）、小角四十歳。
葛城の麓に金剛山寺を建てた。

同　四年（六七五）、小角四十二歳。
膽駒（生駒）岳に寺を建て膽駒寺と名づけた。

同　朱鳥元年（六八六）、小角五十三歳。
小角の生家を改めて

寺とし、血原寺（茅原寺）と名づけた。

小角が建造した寺塔は、まだこの外にいくらかあるが数えるのは難しい。

（第七　小角形像の部）

第八　小角語説の部

この峯に登りたいと願う者は、真に浄らかな菩提の心を持ちなさい。菩提の心が無いのに峯に入るのは、ちょうど手に何も持たずに倉庫に入るようなものである。どうして何をか得るところがあろうか。

災難や障害が消え去ってしまうのは、菩提心の余光すなわち信仰のお陰である。

わが仏の道を修めようとする者は、二乗（声聞乗と縁覚乗）の地にしばらくの間も住んでいなくても、一気に菩薩の地にいたることができる。これは、わが法が「頓極の法」であるからである。

如来の三子というのは、多聞（阿難―毘沙門天）、議弁（富楼那）、神通（日蓮）であるが、しばらくは自らの性をあきらかにしなかった。多聞は知恵が気にかかり、弁才は誤りがないかとさがし求め、神通はその力にも限りがある。ただ、一覚すなわち一度悟るとすべては同じであるから、これに越したことはない。

小角は、龍樹大士に謁見して秘法を受けてから不転の肉身を得て、無漏の実義を得ることができた。わが仏をみると求捨の相はなく、これは実に生死を超越したすなわち涅槃煩悩すなわち菩提である。教えを伝えることができる者は、日本においては小角をおいて他に誰がこれを知っている人がいるだろうか。

日常の生活行動においても阿娑縛の字を観じて、妄りに迷うことがあってはいけない。手を挙げ足を動かすのも、皆これは密印である。話し説く言葉は、皆これも真言である。

これが自然の仏なのである。どうして仏をつくる必要がありましょうか。華を供える者は、心を運んで心の蓮を献ずる。世間の華は萎れ枯れるが故に、その功徳は心の華にはるかに劣る。

わが法は、すべてをことごとく委しくすることを好まないで、真の心の精要を用いる。むしろ心には架空の飾彩は用がない。護摩を修する者は、内護摩につくことが大切で、外の儀式にとらわれてはいけない。その軌方は委細に極めつくしているから、その精神を取って表の飾りにばかり苦労する必要はない。

行を求める者は、難苦を第一にして身の苦によって心が乱れなければ、自然に悟ることができる。

峯に居て一夏九旬、七月十五日を限りとするが、われは一夏の行をすることおよそ三十三度になった。ただ年月を積むことを好む。

峯中には蛇まむしが多くすんでいる。修行者は、鐘板や木魚を腰に付けておれば、心配は無いと思う。もし悩ましたり、さまたげる者がいれば、われはその場で退治してやろう。

誠の心の信心をもって峯に入ると、聖は静にして達することができるが、不聖は怖れて止る。止めないで、王世の縛に拘らず、ただ山伏の道を事業としなければならない。これに違へば、鎮守の蔵王・金精・子守・勝手らの冥罰が当って、入峯しても終いにはふさがってしまう。

諸法には、みな階級がある。今は、その要を取るので悟りはなかなか得難いものである。時機に臨んで、その広狭に任せ、渋滞をしないで進んでゆくのが吉である。

ただ世務の煩しい苦労にばかりに走りまわることがないようにする。そうしないのは仏陀の正行ではなくて、なおまた、わが弟子とは称しにくいのである。これは、外道の魔羅すなわち迷妄の族であって、深く慎むべきことである。

小角系譜の部　訛説（誤りの説）

大已貴神の直系の子孫である垂勝野君は、景行天皇の勅命をうけて謀叛人を誅伐したので君号を賜った。これを子孫に伝えたので、小角も君と称している。小角には父がいなかった。母が金杵（金剛杵）をのみこんだ夢をみて受胎したといわれている。

母の名は、高賀茂白専女度（渡）都岐麻呂といった。あるいは利修という名の兄弟がいたともいう。云々。

また人皇二十五代の仁賢天皇の御代に、大臣平群《へぐり》真鳥臣が国政を奪ったので、最後に罪をせめられ罰をうけた。その子が葛城山のふもとに往って住んでいた。その孫の子が一人で住んでいたが、謀叛人の子孫であるために男がいなかった。野合して、知らずに懐妊して生まれた児が小角であった。額に小さな角の形をしたものがあったので小角と称した。あるいは名は豆ともいう。皆これらは誤りである。

正系紐（第二　小角系譜に同じ）**と法系紐**　略す。

大師小角終焉の部

文武天皇大宝元年（七〇一）辛丑の五月初旬、小角は葛城に参詣した。護摩を修して、数日の間そこに留まっていた。また箕面山にも詣った。また熊野に詣って、形を現した権現と数日の間、言葉を交した。それから山上に帰って護摩を修めてから、数日の間も留っていた。

また千原寺にも行き、弟子の本行に、

「われは年も六十八歳に満ちた。本寿には限りが無いけれども、化寿は今年になっている。汝等も悲しんで嘆いてはいけない。法は遺しておく。世間に在って民衆を救済しなさい。この法に遭うている者は、我に遭うているのである。わが心は唯大峯にあるから、たとえこの土地を辞し去って行くけれども、本魂は永く大峯にとどまって他所には移らない」

と遺言をした。心のままに箕面から葛城の諸山を経て、夏には大峯に詣り、終りに箕面に行かれた。法を伝えるためであった。
老母を誘い手を引いて、箕面の山に着くと磬《うちいし》も鳴った。小角は聖衆に対して、寂静（煩悩を離れるを寂、苦患を絶つを静、すなわち涅槃）に入ることを報告した。
六月七日の未暁の丑の時。小角は母を鉄鉢にのせ微笑しながら隠没なされた。

『役行者本記』終わり

大峯菊の岫において紙筆書籍を身に付けていない故に、杉を焼いて木皮に書いた。末の弟子たちよ、この書を所有する者は永く修補して後の者に伝えよ。

神亀元年甲子十月　　役　義元　生年五十七歳

天平二年（七三〇）六月に入峯した折に、菊の岩屋において木皮の書を得て拝見し、これを写す。悲しいことには、本師の所在はなかった。

義真　五十五歳

以下略す。

『役行者本記』は、まことに不思議な書物です。これは役行者について一冊にまとめられた最初の伝記で、実際に書かれたのは何時かというのが問題です。

おそらく『百因縁集』を参考にした内容があるから、一二五七年以降になります。また塔婆に署名して爪合としていますが、この用語はないので爪印を誤写したとも推察され、これが流行したのは室町時代ですからそれ以降とみなされます。さらに、全国の主要な山岳があげられて、役行者が巡錫した形式をとっているので修験道が全国的にもひろがった室町時代以降とおもわれます。

作者は、秘密一乗、三密瑜伽や龍樹菩薩から『大日経』と『金剛頂経』を授けられること、まず逆峯から入峯していることなどから真言系の修験者、おそらく当山派の僧の手によったと考えられます。

宮家氏は奥書は古代から、いきなり室町時代までとんでいるので、その内容からみて室町時代の奥書のうち、文亀元年（一五〇一）伊豆国分寺沙門慈雲か、天正八年（一五八〇）の天木先達弘潤坊あたりが実際の著者と考えておきたいとしています。

佐藤氏は、内容も書写の奥書も如何かと思われ、果して奈良時代に義元の撰したものかどうか疑わしいとしています。しかし牛窪氏は当山派の修験者によって擬古的に書かれたものとしながらも、余程の古伝がまとめられた節があるようで研究資料としては欠くことができない書であるとしています。

いままで役行者について書かれた伝記には、この『役行者本記』を参考に書かれているところが多いようです。例えば大三輪氏の『神変大菩薩』など。

第二章　『役行者顛末秘蔵記』　道鏡に託した行者伝

『役行者《えんのぎょうじゃ》顛末《てんまつ》秘《ひ》蔵記《ぞうき》』は、天平宝字七年（七六三）に弓《ゆ》削《げの》道《どう》鏡《きょう》が官を離れてから、弓削の里で書いたとされています。しかし年代も著者も疑わしく、おそらく『行者本記』が刊行された後に書かれたものと思われます。

年代は、あとがきにある元禄六年（一六九三）あたりではないかと思われます。『行者本記』にある項目のいくつかに補足解説がなされたと思われる部分もあります。

この書物は、道術としているように早くから道教的な立場から役行者について書かれたと考えられます。仏教や道教などに詳しい僧が、名を道鏡に託してわざとらしく偽作者ぶって書いたと思われる点もあります。かなり興味のある話が多く書かれています。この伝記にある補注は、一部を除いてすべて省略しました。

序文

むかし、聖人や賢者が権化したという事跡は、その大部分を確実に知ることは難しい。それ故、その子孫やその流れをくむ者には、各々が秘密にしているところの書物がある。しかし、その書物がどんなに多くの事柄を編集して大きな巻物になっていても、重要であるのは、書いてある事跡が確実であることである。修験者の系統のものには、この種の書物がすこぶる多く、この一書もまた、修験家五部のうちでは随一である。

その昔、弓削大臣禅師の道鏡法王が、愛染明王の罰を受けて大陰茎になった。官を離れてから俗世間に入り、弓削の里に隠れて住んでいた。彼の一族には修験家である者もいたので、この書物を作ってこれを授けた。

この書物は洛東の某氏の家に代々つづいて秘密に保管されていたものである。ある日、お客の求めに断り切れないので、ほぼ注解を加えてから版木屋に頼んで字を彫ってもらおうと願っていたといって旧巻を袖の中に入れてきて、私にその緒言を書いてほしいと請われた。私は全巻を熟読したところ、この書物は修験の家には不可欠のものであることがわかった。そこで一筆もって、ここに序文とする。

時は、元禄六年（一六九三）孟秋穀旦　洛北の遊民　恰恰叟（恰恰はカアカアと烏の鳴き声、叟は翁）昼寝軒にて書す。

謹しんで先祖の釈役の出自を調べてみると、役行者は迦葉尊者の化身である。

迦葉は鶏足山を出て浮屠《ふと》（仏陀）に詣り弟子になった。支那（中国）で誕生し、老子と号して道術を講義した。日域（日本）に生まれては役優婆塞となり、末世の濁悪の民衆を救済し給うた。

役行者の出胎（誕生）

一、人王三十九代、天智天皇の白鳳四季甲子（六六四）、紀州に生まれた。

一、小角は生まれた時に、手に一枝の華をにぎって出胎した。生まれながらにして、よくいうことができた。その母はおどろいてこの児は鬼神であるといった。その児を山林に捨てた。しかし数十日経っても衰弱する気色もなく、飢える様子もなかった。狼や狐も、この児を食べようとはしないで反ってこの子を護っていた。

道中でこの子を見た大和の商人が抱きとって家に帰り養うことにした。

進んでこのことを思案してみると、これに似た話が身毒国にもある。耆婆が出胎した時に、手に針筒と薬袋を持っていた。母はこれを嫌って、白衣を布団にして包み、街の中に捨てた。その時に車に乗って遠くからこれを見ていた無畏王が尋ねた。ある人は、これは小児であると答えた。その王はまた死んでいるのか活きているのかと問うたところ、活きていると答えた。王は直ちに人をつかわし、その子に乳を与え養った。

退いて、この話を比べてみる。八耳太子は人王三十一代の敏達天皇金光三年壬辰（五七二）正月一日に誕生した。その年にはまだ手を開かなかった。つぎの年になって、ようやく手を開いたところ、掌の中に舎利を見つけた。八耳太子は用明天皇の第一皇子である。

わが国で特に珍しいのは、八耳太子と役行者のお二人の喜びの誕生である。太子は舎利をにぎって生まれ、また役の優婆塞は華をにぎって生まれた。

小角は三歳になって字を書き、四、五歳からは回りの子らと遊ばなかった。いつも泥や土で仏像をつくり、草の茎でお堂や塔をたてて投地の礼拝をしていた。

一、行者は六歳のとき、養父に向って、「われは麒麟《きりん》にある一本の角をあらわして小角と名乗りたい」といった。養父は大笑いをしたけれども、いろんな人たちは珍しい名前といって、それからその名を小角といった。

一、行者は七歳の時に梵字を書いた。しかし養父は梵文をしらなかったので、わるい手癖になるといって大変に怒った。

その時そばにきていた南都の三論宗の沙門がその字を見て、

「おお、これは梵字である。この児は人間ではない。仏か菩薩の化身である」

といって、小角に拝礼をした。

養父はこれを聞いておどりあがってよろこび、それからは小角を大事にした。

一、小角は八歳になった時に奈良の都に往って儒教を学んだ。一を聞いて十を知るので、人々はみんな舌を巻き、この子はまことに孔宣《こうせん》か、それとも顔回《がんかい》というべきかといっておどろいた。天皇はこの子を宮中に招き、大臣も公卿も大変に可愛いがった。この子につきしたがう人たちは皇居の門までもつづいた。

一、小角は成人してから仏教に帰依した。

まず声聞《しょうもん》の法をきいた。その声聞乗の法理は、四諦四念の観をなし四向四果を示すことをいう。六種の識を説き十地を建て、五蘊無我を覚えるのである。四諦というは、苦諦・集諦・滅諦・道諦のことである。四念というは、一に身念住、二に受念住、三に心念住、四に法念住のことである。

四向四果というは、一は預流向預流果、二は一来向一来果、三は不還向不還果、四は阿羅漢向阿羅漢果のことである。

十地《じゅうじ》というは、一は受三帰地、二は信地、三は信法地、四は内凡夫地、五は学信惑地、六は八人地、七は須陀恒地、八は斯陀含地、九は阿那含地、十は阿羅漢地のことである。

このように、声聞の乗というのは、たとえてみると羊車に乗ることである。

小角は、初めは声聞乗の法を信仰していたが、後にはまた縁覚乗の法をきいた。縁覚乗の法理というのは、十二因縁を観じて十地を建てることである。

十二因縁というは、一に無明縁、二に行縁、三に識縁、四に名色縁、五に六入縁、六に触縁、七は受縁、八は愛縁、九は取縁、十は有縁、十一は生縁、十二は老縁のことである。この老縁というのは、密経（教）では老病死縁と説いている。

十二因縁とは、十二因果である。過去の二因は現在の五果になり、現在の三因は未来の両果になるのが十二因縁である。秘密の伝授である。

十地というのは、一は苦行具足の地であって、二は自覚甚深の地で、三は四聖諦を覚了の地である。四は甚深利智の地で、五は八聖道の地、六は法界虚空界衆生界を覚了の地、七は證寂滅の地、八は六通の地、九は徹秘密の地、十は習気漸薄の地、これを辟支仏の地という。

以上のごとき縁覚の乗とは鹿車に乗ることである。

おおよそ、縁覚の修行というのは散る花や落葉を見て無常を感じ、大きな岩の側や大きな木の下に座って三昧を明らかにすることである。師がいなくても自然には知恵があり、自我によって自然に悟りをひらくのであって、他によってひらくのではない。この故に、号して独覚二乗ともいわれている。役小角は、この独覚の道を信じて、まさに山に住もうとして峯に登り、なお六波羅蜜の行を信じたのである。

さて、六波羅蜜というは、一、布施波羅蜜あるいは檀波羅蜜。二、持戒波羅蜜あるいは尸羅波羅蜜。三、忍辱波羅蜜あるいは羼《せん》提波羅蜜。四、精進波羅蜜あるいは毘梨耶波羅蜜。五、禅那波羅蜜。六、智慧波羅蜜である。

小角は、冠の紐を解いて元結いを切った。鉄の下駄をはいて、十二輪の錫杖をつき、葛城山にのぼって三季の間この峯に伏して（山伏として修行して）いた。

一、行者は葛城山を下って、また南都に帰った。人々は行者をとうとび、天皇は小角を宮中に召しだした。多くの官吏や公卿たちは相ともに、みんなこれを奇とした。

また行者は南都を出てから、摂州の箕面山の滝口においても伏した。その時に、南天竺の龍樹菩薩が現れて小角に対して申された。

「われは汝のためにここにきた。汝が衆生を化度するために修行しているのに感心した。しかしながら、それは小乗の法である。われは今、汝に大乗の秘法を示そう。この秘密の法は、われがかつて南天菴羅《あんら》林中の鉄塔に入って、まのあたりに大日金剛薩埵にお会いして、金剛界と胎蔵界の秘密の曼荼羅教を誦持したものである。また五智の両部の灌頂をお受けした。しかして今これを汝に授ける」

行者はこれに感激して、すみやかに秘密曼荼羅の両部の灌頂をお受けした。行者は、立ちあがらず、その座から三摩の地に入った。また、肉身も転ばずして無漏の法、すなわち迷いのない世界をしったのである。

この密法は、摩訶毘盧遮那《まかびるしゃな》が神変加持門を出てから説かれものである。故に、これを摩訶毘盧遮那経という。この法を受けた僧、名を陀羅尼宗といい、今は震旦に流布してから一百余歳を経ている。日東に伝来すべしといい終わって黒雲に乗り去って行かれた。行者はおどりあがってよろこんだ。

この龍樹菩薩は南天竺に生まれて、五印度を化度なされた。前生は妙雲相如来である。またこれを樹下の釈迦ともいった。自ら上は天に在って遊戯をし、下は龍宮界に出入りした。所有する一切智の法門を誦持して千部の論を作った。いろいろな宗派の元祖である。

この密法の義を解説し記録をしておきたいが、我はこれをしらない。漢土には真言と号する宗旨があり、秘密の法理が書いてあるとほのかに聞いているが、しかしながら、これはまだ扶桑（日本）には伝来していない。

それ故、その宗の人に会ってもいないし、またその経も見ていないので筆にすることができない。後の人がこれを調べて書いてほしいと思う。

一、優婆塞は龍猛（龍樹）にお会いなされて飛行神通の呪術に通じるようになった。いよいよ、諸国の峯に昇るようになった。思うに登った山岳の数は五十余峯とも、あるいは四十余峯ともいわれている。人々は小角が修行した山々を知っているので略す。

一、行者は出羽の国の羽黒山に登って九ケ月の間、秘法を修行した。南都から羽黒山までは皆は七十余日の行程を経て往くけれども、行者は羽黒から三日間にして南都に帰ってきた。それ故に世間の人々は、不思議な神通力の第一人者は小角であるといった。弟子になりたいという者がおびただしい人数になった。小角は洛中の村里にいる時には、多くの弟子をしたがえているが、嶺上に入る時には弟子を伴わずにただひとりで登った。

一、行者がいわれた。吾は龍樹大士にお会いして毘盧舎那如来の密法を受けて凡身即仏の理を悟った。悟をえたときには、捨てるべき身もなく求むべき仏もない。十界輪円の凝玄に徹して、いとうべき肉食もなし。両部不二の法水をなむる時には、嫌うべき邪婬もなく、戒行をしめす。化身の釈迦は、無知にして道徳に暗く愚かな考えを懲らすために、五百戒文でもって禁じたのである。我が伝えるところの煩悩すなわち菩提の法は、日本においては誰がこれを知っているだろうか、誰も知らない。僧達は皆、行者のいいすぎる言葉を聞いて、これを憎んでいった。煩悩を断たないでいてどうして仏であろうか。また肉身を捨てないで、どうして菩提を求めることができようか。小角は外道の類の人であるといった。

『済法陀羅尼経』には、

「我は無量劫に難行苦行していまだかって止息せず、三千大千世界は芥子ばかり、わが身を捨てざる処なし。しかして後に成仏することを得、釈迦如来と名乗る。云々」

と説いてある。

このように一代の名僧ですら、なおもこのように説いているではないか。小角の放言は、はなはだ悪いものである。中でも、専ら役優婆塞をそしったのは、徳光法師・法円真儀・道眼大僧都・泰澄大師・玄昉・吉備大臣・藤原不比等であった。

これによって、人王四十二代の文武天皇天長八年五月、小角は伊豆の大島に放逐された。三年の間、その島にいた。昼は禁制を守って島にいたが、夜になるとかならず富士山に登った。鉄の下駄をはいて手に錫杖を持って山に登った。その足の速いことは走しる獣もかなわず、また飛ぶ鳥もこれには及ばなかった。

そのうえ、小角が島にいる間、毎夜龍灯が大島から富士山に上った。これをながめた伊豆の農民たちは、あの灯は行者の灯明であるといった。それだけではなく、島にかかる雲の上に高さ二丈ばかりの五重塔がそびえ立っていた。伊豆の農夫や漁師たちは、これを見て奇怪な思いをした。ある時、どこからともなくきた一人の老僧が、その塔を見て達親国にある迦葉仏の五重の建物ににているといった。いいおわるとすぐに僧の姿が見えなくなった。

島に住む民衆や漁師たちが、行者を拝む時はまるで三能（舞台能）を見仰ぐようであった。小角が帰った後には、龍灯もともらず、また塔も消えてしまった。

大島における不思議な事は、還東（関東）では隠れもない事であった。

一、大宝元年（七〇一）。大島でおきた役行者による不思議な神変が、奈良の都にまで聞こえてきた。このことを天皇に奏上したところ、天皇はこれを憂いて小角が流罪を免れることに決めた。

公卿と殿上人の二人が勅使になって伊豆に下った。小角は大島において早くから、左遷を許され、勅使が伊豆に下ってくるのに遭う。小角は筏舟に乗らなくとも、錫杖を手に鉄の下駄をはいて、まるで陸地を行くように海上を歩いて伊豆に着いた。勅使を出迎えていった。我は流罪を許され、公卿が下向するのをしっていた。そこで大島を出てきたという。

勅使は、おどろいて一言もいわなかった。しばらくして勅使は、役公はこれ三明六通（神通力）を持たれているといい、小角と一緒に京洛に帰ってきた。勅使は、それまでに聞いていた事件について、その旨を天皇に報告した。天皇は非常に感心なされ、行者を召出して玉座の玉のすだれを開いて面接し、

「役公は、これ凡身であっても仏身と同じである」

と仰せられた。天皇から黒の長冠を賜った小角は、最敬礼をしてから冠をいただき、宮中から退去してきた。官吏達は、「行者はそしられてきたので、反って日本でその声価をあげることができた。その上、小角はその智をば、朝廷にまで顕すことができたのだ」といった。その後小角を誹《そし》ることもなく、毎日宮中に仕えて、弟子もまた多かった。

一、役優婆塞は、日本にはいろいろな山が多いけれども、紀州の大峯ほどよい山はないといった。昔から比べる山もない霊峯であるという。

慶雲四年丁未（七〇七）に、小角は大峯に登って深山（深仙）に住んでいた。三密瑜伽の観智に徹

して、十界輪円の妙道に入っていた。ああ、まことに尊いことである。

閻魔大王・五道大神・泰山府君・天宮・地宮・水宮・司命・司禄・本命神・開路将軍・土地霊祇・家親丈人、このような十二の神祇が行者を護っていた。

鬼神も小角に降参して下僕になっていた。狐や狼は背に小角を乗せる駕籠《かご》になっていた。雨が降ってもぬれないし、風が吹いても強く当らなかった。また、日照りの厳しい時には、涼を招き、寒い時には温くしていた。

ある時には弓場で遊んだり、風が吹けばほこりのまい上るような広場に出て、人々と親しくまじわっていた。ある時は、村の集落の中にでて弟子たちに会ってたわむれていた。このように広く交際していても、阿縛吽の密旨を少しも忘れなかった。

ああ、天の高さも計ることができ、大地の広さも測ることができる。しかし、計ることができないのは優婆塞の心徳の偉大さである。

小角は深山に入って大木を切り、これを四角の柱にして碑碣《ひけつ》を建てた。これは深山の豊碑で、あるいは豊碣ともいう。そもそも碑というのは漢土において始皇帝の臣であった李斯が造り、日本においては行者が初めてこれを建てた。

大率碑というのは葬る時に設けるもので、家来が跡をしたってその上に君父の功績を書くので碑は悲であり、往きしことを悲しむ所以である。

今の人は、墓陵、宮室廟屋の碣を碑という。しかし、方形の四角のものを碑といい、円形の石碑は碣という。また、天子には大木を用いて碑としこれを豊碑という。また、天子は四碑、諸侯は二碑、士には碑は無い。

しかして深山に建てた碑は四角の柱で豊碑というべきで豊碣ということはできない。

碑文に曰く

〔口伝によると、これは行者が峯にいる時に書き写したのである。今は絶えて無くなった。また剣形には宝剣形と利剣形があるが、碑は宝剣形に作るべきで、利剣形に作ってはいけない〕

東　所成根本　貧瞋癡等　不改当位　毘盧遮那　三点法身

南　不断煩悩者　入於遍知院　不論迷悟者　超菩薩十地

密乗子　役小角

西　一切諸衆生　法爾法然住　自在遊楽都　五峰金剛頂

裏書　慶雲四季丁未（七〇七）七月十六日　云々

右の南面の頌文は、役氏がみなこれを書いて山伏の葬所に建てる。しかしながら、人々は東西の経文の所以をしらない。『行者本記』には、この文は優婆塞が龍樹から相承した秘法の極位のもので、もしあらわにこの文を書いたならば、誰かが仏陀三宝の冥罰を被らねばならない。云々。

したがって、汝はこれを人に示してはいけない。また碑に書いてもいけない。この文はことごとくこれ行者の秘密の伝えである。また遍知院の三字は、いよいよ以って秘密の事である。

一、大宝三年癸卯（七〇三）。行者は都から一昼夜のうちに関東の相州にある八菅《やすげ》山に行き、三十七日間の秘法を修めた。その間、天人が降りてきて小角に天蓋を指しかけて守護した。これを見た相模の国の杣人や農夫たちは、頭を下げて涙を拭いながら礼拝をした。行者は勤めが終ると、また一夜のうちに帰洛した。

和銅三年庚戌（七一〇）に、行者は定に入った。南印度に飛んでゆき龍樹大士にお会いした。久しい間楽しく密談をした。大士は行者が辞去する時に、経を手にとって行者に与え、この経は金剛薩埵が鉄塔において我のために説いた秘密の経であるといった。小角はこれを受けとり礼拝して帰ってきた。

霊亀元年乙卯（七一五）。行者はまた定に入って天竺（インドの古称）に行った。拘尸《くし》那国にいって、文殊師利菩薩にお会いした。行者は涅槃会の座から後、お顔を拝見していないといった。文殊師利菩薩は、小角に今どこにいるのかと問うと、彼は民衆を救うために、日東にいると答えた。すると文殊師利菩薩は、それは善いことであるといって、経を小角に託された。行者は、この経を受け取って礼拝すると、文殊は微笑しながら立ち去った、云々。文殊から委嘱された経は、『寿量無辺経』である。曼殊迦葉のことは、詳しくは『涅槃経』に見ることができる。考えてみると、聖徳太子は定に入って中国にいたったが、役優婆塞も定に入って胡狢《こかく》（中国古代北方の戎《えびす》）に行った。時は推古天王の光弘三年丁卯（六〇七）のことである。

小野妹子が入唐して隋国の衡山般若台に行き、聖徳太子の旧い経をもって帰朝し、これを太子に進呈した。しかし、太子はこれは自分が持っていた経ではないといわれた。

同四年（六〇八）の秋の九月に定に入った。青龍車に乗って南岳に登り、行者が所持していたところの法華経を持ち帰った。またつぎの年に定に入って、南岳の旧坊にいたり勝鬘経と維摩経とを持ち帰った。また、定にいること七年、丁丑（推古天皇二五年、六一七）。太子は定に入って中国に行き、達磨大師に対面して大和の片岡山のことについて談話した。そのつぎに、南岳の旧坊に入って舎利を持ち帰った。太子は南岳の慧思禅師の後身である。南岳は慧思禅師がいた古寺で旧坊ともいわれている。

このように阿羅漢果を得たところの菩薩や聖衆は、みなもって自由である。太子も行者も迷いのない世界すなわち無漏の羅漢なのである。

一、元正天皇の養老二年戊午（七一八）。輸婆迦羅三蔵が、大和の高市郡に来朝して、小角と対談した。三蔵は胎蔵宗を広めようと思ってこの土地にきたといった。行者は、まだその時期になっていない上に、機もまだ熟していないから一百年も経った後に、またくるようにいうと三蔵は帰っていった。

この三蔵は中印度の摩迦陀国の王であったが、王の位を下りて出家し陀羅尼宗になった。このような時には、いろいろの宗派の仏法も機会をまって広めるべきであって、勝手気ままに広めてはいけない。

推古天皇二十一年癸酉（六一三）十二月、居を定めていること三年。円覚大師は大和の片岡山にきて、上宮太子と対談した。達磨大師は、もっと広く禅法を広めようと思うといった。しかし、太子はいまだに一乗の根器も所有していないから、六百余年を経てからくるようにいうと円覚大師は去っていった。

この時に、太子は大師と共に和歌を詠んだが、人はみなしらないから載せない。

一、役優婆塞は大峯において養老五年辛酉（七二一）にふたたび定にいり、鶏足山の旧洞にいたって、自分の元の杖をとり持ちかえった。

一、元正天皇の養老七年癸亥（七二三）に行者が遺言して申された。

「われは、鶏足山の洞にいて鶏頭会をまって出てきたのである。釈迦の弟子になるために涅槃座にすわっていたところ、先に文殊師利《もんじゅしり》が着き、おくれて阿難遍吉が着かれた。われは仮りに宝喜菩薩の相をして仏に申していった。われは民衆を救済するために東土に生まれたけれども、このような誓願によって中国で化して日本に生まれたのである。

汝らよく聞け。これから一百余年が経つと、かならず秘密の法が日東に伝来する。それに応えて、その時にはわれれは遍知院を出て陀羅尼の道場に列席する」

と。右はまさに行者の遺語であって、まさに行者が迦葉尊者であるということがわかる。仏はみずから菩薩の変化を説かないから他の人がこれをしるのは大変に難しいことである。

遠いむかしにさかのぼって調べてみると、『瞿曇《くどん》普賢経』には釈迦牟尼仏は毘盧舎那遍一切処と名付け、云々とある。また、『梵網経』には、われは今盧舎那の蓮華台に座るといい、云々とある。これらをもって、釈尊はすなわち大日如来であることを知った。

最近、これを案じてみるに聖徳太子が説く法は明眼論という。自分は、むかし霊山の説法の庭に並んで、まさに大師二伝の法を相承けた云々。それでもって、太子が霊山救世観音であることを知った。

一、この年、養老七年癸亥（七二三）。行者は大峯の深山で、満六十歳になられた。行者は、これから寂（没）すると遺告していわれた。果して、そのお言葉のように行者は安然として入寂なされた。人々は皆うれい悲しんで峯に登ってお慕いもうした。人々の流す涙と鼻水は、まるで雨水のようになった。行者を棺に入れて険しいやまの石窟に蔵して、皆は峯を下って坊に帰った。

一、行者が遷化なされてから、まだ初七日もすぎていなかった。紀州の商人が、摂津で行者にあった。どこに行かれるのかと問うと、行者は天篤から帰ってきたと答えられた。商人は、笑ってお別れしてきた。

たとえてみれば、これは達磨が嵩山の少林寺において入寂なされたが、棺を出て天竺に帰られ、漢土の人が、葱嶺《そうれい》（印度の山名。釈迦がこの山で修行した）において達磨に会うたという。あるいはまた、聖徳太子が、亡くなられてから寺を出て支那に帰られたというような話である。菩薩は変易の生死が、このようにみな自由なのである。

一、商人は紀州の国に帰った。ところが、ここの農夫らは行者はすでに死んだと話した。商人は行者様に摂津でお会いしたから死んだ筈がないというと、農夫らはそれは嘘だといった。かれらは葬式がすんでから、すでに二七日になるといった。

商人は、この話を聞いて不思議に思った。果してあれはにせの行者であったのだろうか。しかも優婆塞は常の姿とはちがって、錫杖を持たず衲衣も着ないで、また鉄の下駄もはかず、ただ冠をかむって細い杖をついて歩いていた。したがって、彼らか自分かどちらか間違っている。そこで門弟の僧や信者の俗人・商人ら数十人が一緒に大峯の深山に登った。

一同が、棺を開いたところ、中には衲衣・錫杖・鉄の下駄はあった。しかしながら、行者の姿は跡形もなく消えていた。また冠も細い杖も見当らなかった。

人々は、おどろき不思議に思った。人々はそれぞれ、丘に枕したり岩に寄りかかって、いろいろと話をした。ところがしばらくすると黒雲がひろがり、雷がとどろきわたった。大雨は、苔の生えた岩を叩いて、強い風は大木もへし折った。地面は地震のようにふるえ、天地は大いにゆれ動いた。

この時、山に住んでいた天狗・魍魎《もうりょう》（山や川に住む化物）・悪鬼・悪神、その他の獣類が、地から湧くように出てきた。人々は、びっくりして気を失ったり、魂も抜けてしまい、大峯の山から逃げ帰ってきた。

ある者は、崖から落ちて死に、ある者は石で傷付いて死んだ。数十人の僧や俗人らは半死半生のめにあって這うようにしてわが家に帰りついた。

その後、大峯の山は大荒れして峯に入る客も少なくなり、今はすでに絶えてしまった。

その遺跡を眺めたい者は、大峯山のふもとまで出かけていって、優婆塞を拝んで帰ってくるようになった。

これに関連して、日本の州々や県々にはそれぞれ峯があるが、これを国峯と号した。また、私峯ともいう。

一、行者が、峯に留っているときには、多くの比丘たちが親しく峯に集ってくる。ある時、一人の沙門がたわむれて土をこねて釜や鍋を作った。行者が、これを見て加持したところ、たちまち鉄の釜と鍋に変ってしまった。これを見た客は、皆これを奇跡といった。

またある時、弟子が仏さんに華を供えようとしたが、華がないので悲しんでいた。これをしった行者が、すぐに枯木に加持をしたところ、たちまち紅や白の花が咲き、まるで美しい春の花のようであった。

このような奇跡は、行者の禅波羅蜜の行に因っておきたのである。

さて、禅というのは梵語である。静かに、これを考えてみると三つの禅がある。

一、安住静慮。これは、散乱喧騒を離れて、専ら一境に住むことであって、心識を安んずるという義である。大樹仙人や尚闍梨《しょうじゃり》仙人は、この類に入る人である。

二、引発静慮。これは、定の力に因って五道を引生することである。如来が在世していた時、馬勝比丘は逝多林において定に入った。五体は、動かさずに梵天に往き、梵王と対面したのはこのような類である。

三、弁事静慮。これは、定の力をもって海水をも乳味にしたり、また瓦や石をも金に変えるのはこのような類である。

過ぎ去ったむかし印聖王〈あるいは引生王と書く〉は、大願を発して、黄金をもって五丈の釈迦像を造ろうとして溶した金を型に入れた。その時、金が不足したので、龍樹大士が定の力をもって土や石を加持したところ、たちまち金になった。そのお陰で、釈迦像が完成して天皇の願いが満たされたという。

一、諸々の沙門たちにとって、一夏九旬の間は禁足の戒門である。これは、過去七仏の時にはじまった。これにしたがって、修行者は在峯の辰の日に大峯に入り、去る卯月（陰暦四月）十六日には峯に登り、七月仏歓喜の日に峯を出る。

常に山に住んでいるのではないから、世俗ではこれを安居の山伏という。

そのむかし、瞿曇（釈迦）は摩耶《まや》夫人のために忉利天に昇って善法堂に住んでいた。一夏九旬の間、「父母恩重経」の説経をした。これを、安居の説法という。

一、行者は、鶏峯から帰った後は、日本全国六十六国に行者堂を建てた。その数は、二百八十六箇所である。

一、行者を拝して、頌文《じゅもん》には次のようにいっている。

南無崋鉢宝喜菩薩、小角優婆塞、

三身一体方便、自在利生娑婆訶

この頌文は密伝である。ただ一人に授ける。予は白鳳の遺子でないから、優婆塞の行状を詳しく知らないから、ただ行者本記を信じるにまかせる。汝らのために、筆を振るってこの書を記した。

これ時、宝字七年（七六三）癸酉（卯）月夏至日　道鏡大臣禅師記焉

この書は、これ真実の宝である。これは、卞和《べんか》挂豊城剣のことわざにもたとえられる。私は修験家の碩学にお会いしてこの書物をお受けした。これは、ただ一人に授けて、千金をもってしても他人に伝えるなといわれた。しかし、その当時、家法が廃れるのを悲しみ、版木屋に計ってこれを世に出すことにした。

元禄六年（一六九三）初秋中浣日

後書には、これは真実の宝であって、卞和挂豊城剣とあります。これは卞和泣璧《べんかきゅうへき》の諺をあげているので、挂豊城剣は泣璧の句に当てた文字だろうと思われます。この意味は、真実の玉璧を献上したにもかかわらず、これは偽の珠で詐欺だといって左右の足を切り落されたという故事から、真実を裏切られあるいは認められなかったことと解釈されています。おそらく、この『秘蔵記』を玉璧にたとえて卞和泣璧の古事に託し、「この伝記を疑わしく思うかもしれないが、これが真実だ」と後書きしていっているのです。

行者の生年も没年なども、今まであげてきた従来の説とは非常に違っています。しかし根拠がな

いのではなく、『金峯山本記』などを読んだ形跡もあります。

それは、行者の生年が天智天皇三年で、小角が朱鳥元年（六八六）で年二十二歳となり、熊野参詣に出たという「大峰縁起」の文書に、逆算すると生年が不思議に一致します。

また、役行者の呪術に関して、いろいろと例をあげて説明したり、あるいは道教にいう「尸解《しかい》仙《せん》」にたとえて役行者の隠没をえがいているのも珍しいことです。

余程、学識のある僧が、半ば戯作者をきどって道鏡に名を託して書いたと見受けられ興味の多い役行者伝と思います。

第三章　『役君形生記』の役小角の生涯

『役君形生記《えんくんけいせいき》』は、江戸時代の徳川綱吉が将軍の頃に書かれました。この頃、江戸では大火があって八百屋お七が火刑になり、また西鶴が『好色一代男』を書いて評判であったといわれています。当時、幕府は江戸市中に出版取締令を公布していました。

その頃、相模の国高座郡大谷村の真善寺の修験者秀高が、多くの書物を参考にしながら、役行者の伝記を書いていたのです。秀高は、早くから修験道を志した天台系の修行者であったと思われます。

この本は、役小角の伝記を四十余の書物を参考にしながらとりまとめ、用語によってかなり詳しい説明を加えています。天和四年（一六八四）に書き終っています。

注記が多く書き込まれていますが、この伝記集にある記録と重複も多いので特に必要と認めたもの以外は、補足・注記に該当する説明は省略しました。したがって、原文よりもかなりに短かくなっています。

序

それ、諸々の仏の本願は、民衆を済度するための方便として、まことに師となり友となって民衆を利することにある。先祖の釈役、役行者は、迦葉尊者の後身であって、この国の舒明天皇六年（六三四）に、和州の役氏として出生なされた。二行（悟りを得るための正行と助行）および四行（採菓・汲水・拾薪・設食）を修行して、民衆を利益するために願をかけられた。

十六歳の時、悪鬼をつき従え、十七歳になって大菩提の峯に入り、十九歳の時に箕面の滝の岩屋に入った。三十二歳になって家を捨て、沙門になった。四十九歳の時には、箕面寺を建てた。六十四歳の時に岩橋を造ろうとしたが、六十六歳の時に神（一言主神）の密告にあって、配流の罪に処せられた。後に、六十八歳になって都に帰り、箕面寺に移った。行願は、すでに満願になった。後に、七十歳になった時に唐の国に渡った。

これらの有様は、みな民衆を利益するための方便であった。それ故、その弟子達は、今の世まで絶えず続いて盛大である。

私は、いやしくも役氏の末葉になり、これに志を深くしているけれども、まだ充分に知らない上に不敏で、その要法を知らない。しかしながら、役氏についての伝記類などの書物を読んで考えてみると、いろいろ異説があって、はなはだ紛々としている。さらに、これらの話を折衷することも難しい。

そのために、多く記録や数々の説を編集したところ、ついに二巻の書物になった。書名を、『役君形生記』と称することにした。

まことに、貝で海の水を汲んで、その大きさを測ろうとしても茫々としては際限がなく、あるいはまた、管でもって天空を観測しても一部分しか見えないという譬えに似るようなものである。しかし、後の人に誤りを訂正をしていただき、その恩沢によって僅かでも補足をすることができれば幸である。

この時、天和四年（一六八四）晩秋下旬、相模国高座郡大谷村真善寺秀高、序とする。

『役君形生記』乾（上巻）　　役氏秀高　集録

何故に『役君形生記』と名づけたか。役というのは氏、君とは歎美の辞である。形生というは、小角の生涯の形生―有様―を編集・著述して書物に集めたことで、また形生は行状にも通じる。記とは、録とおなじである。

第一　熊野證誠行者の事

熊野山の證誠殿行者は、大日如来の変身にして、南天竺の鉄塔の毘盧庶那如来である。法界曼茶羅において、大峯山は金剛界の九会の曼茶羅であって五百余尊が鎮座している。一方、葛木山は胎蔵界十三大会の曼茶羅であって七百余尊が鎮座している。この両部の峯は、無始無終の根元である。それ故、減切（注記―人の寿は、十歳から増して八万四千歳になるまであり、これから減って十歳になるのを一増一減という。この一増一減の劫が二十転するのを大一の劫と云う）の二十転の増減にも拘らず減ずることがない在所である。

天神七代の末、伊奘諾尊《いざなぎのみこと》と伊奘冊尊《いざなみのみこと》が、国を定めて草木を造立なされた時に、證誠行者が顕れ出てこられた。行者は五智の宝冠を被り、上下の衣には十三の菊を綴り、九重の結袈裟を繋けて、左手には独鈷杵、右手には錫杖を持っていた。八正道を要約して八葉の蓮台を象り、五畿七道（五畿内と七海道すなわち日本全国）を踏破された。かつまた、熊野山に隠居しておられた。一しかる後、崇神天皇の御代になって、また世間に現れ、熊野山や大峯金峯を踏み開かれた。一心の禅定に入伏されて、自らの心にある如来を正しく見られた。このために、天皇は勅命を下して召し出され、その旨を問われた。

行者は、大峯と葛木は、金剛界と胎蔵界の両部であって、一千二百余の尊が日本国土の人民の長久を誓願されているとお答え申した。天皇は深く感心なされて、我が国は神国であって、神が三宝―仏―を忌み給う故に、これらの三山には権現となって示現すべしと仰せられた。行者は、熊野では證誠権現、葛木では胎蔵権現、大峯では金剛蔵王権現となると応えられ、都を去って、また大峯に隠れられた。

第二　過去契約の事

一代の教主釈迦文仏は、南天竺の鉄塔において、大日如来から初めて五智の宝冠を授けられ、これを着けて一切の衆生を済度なされた。

ここにおいて、迦葉尊者は法喜菩薩―法喜は役行者の秘号―を示顕なされ、

「諸々の説経に漏れ残っている愚かで才知の鈍い者を救うために、我は必ず東国に生まれてくる」

と誓っていわれた。

役優婆塞は、無覚と無智を示され、愚鈍な民衆を救いあげ、ひとえに行力をもって導くべしと、これを助け給えと願われた。

仏を讃えていわれた。善なるかな善なるかな、法喜菩薩。我は、かならず東国においては龍樹菩薩となって現れ、汝の行を助けると。すなわち、宝冠を授けると、法喜菩薩は、これを着けて、未来の衆生を済度するために、四行を勤められた。

竺土（印度）の六峯を経由して、ついに鶏足山（霊鷲山）に入られた。しかる後に、震旦（中国）に入って、好積仙人（好徳仙人ともいう）に生まれ変わられた。龍樹菩薩から入峯の軌則を受けられ、震旦の六峯で修行して、ついにその相を隠された。このように、本願によって、この土地に出生なされたのが役優婆塞である。

第三　役小角誕生の事

小角は、高賀茂役公氏である。父は高賀茂間介麻呂《まかげまろ》、母は同氏白専渡都岐麻呂《しらとうとときまろ》である。生んだ親は、大和国の葛木上の郡茅原の里人であった。

母がある夜、天から金色の独鈷が雲に乗って降りてきて、口の中に入った夢を見た。これによって、たちまちにして懐妊した。すると、体中から光明が放たれた。五色の雲が、産室に漂い、諸仏が現れて独鈷を飲んだ妊婦を守護した。天衆も降臨してきて、魔障を伏せ守護した。

世間では、これは不思議なことで、この胎内には必ず聖者がおられるからだといった。しかして、仁王三十五代の舒明天皇治天六年（六三四）甲午、正月一日に当って、母は病気も苦しみも無く、無事に出産なされた。この産室は、今の茅原寺である。

第四　幼稚遊戯の事

小角は、生れて四、五歳から回りの子たちとは、一緒に遊ばなかった。高い声で、物を言わず、静閑な所に座って、常に泥や土で仏像をつくり、草の茎をつかってお堂や塔をつくっていた。そこに仏像を安置して、花や水を供えて投地の礼拝をしていた。もとより敏く悟く、また博学であった。

七歳になって、無言で熱心に観念を続け、仏の慈悲によって民衆を救うのに一心に専念した。志が高まって、ついに仏道に帰依した。毎夜、葛城に登って、法喜菩薩の像に拝礼をした。また、

役行者邪鬼を伏したまう　『役行者御伝記図会』より

毎朝に葱嶺（敦煌の西八千里にある山、ねぎが一面に生えているという。この山でも釈迦が修行した。ここでは葛城山脈の一つの山を指しているが不明）を回って、諸々の仏の影向の光明を拝んだ。

はるかに、九年の春を迎えたが、昔のように、また初めて生まれた時のようであった。所願を唱えて、皆をして仏道に入らしめたいという主旨であった。

第五　悪鬼随逐の事

大和の伊駒嶽に、二鬼が住んでいた。夫の鬼は赤眼といい、嫁の鬼は黄口といった。彼らは、五人の子を生み、鬼一・鬼次・鬼助・鬼虎・鬼彦といった。鬼たちは、沢山の人を殺して、何人を殺したかわからない程であった。小角は十六歳の時に、伊駒嶽に登って、呪力でもって、これらの鬼たちを縛りあげた。

鬼たちは、泣いて涙を流しながら悲しんだ。小角は、鬼たちに決して人を害してはいけないと諭した。鬼たちは、殺さないと約束した。小角は、鬼たちに、

「大空には、不動明王がいつも座っておられる。不動明王は、汝らが人を殺すように、たやすく悪魔を降伏させることができる。もしも汝らが言い付けに背くと必ず害する」

といった。そして、明王の「四句の偈」(わが身を見て菩提心を発し、わが名を聞いて悪を断ち善を修め、わが説を聞き大知恵を得。わが心を知りて即身成仏)を授けた。鬼たちは、この偈を唱える事によって発心し、悪を断って善を修めるようになり、永く行者の召使になった。

小角は、二鬼の名を改めて、夫は前鬼、また妻は後鬼と呼んだ。

第六　箕面入滝の事

小角は、十九歳の年になるまで、茅原の里に住んで居た。ある時、五色の霊光が小角の頭の頂を照らしたので、不思議な思いになった。光をたよって行くと、摂州の箕面山の滝にたどりつくことができた。

小角は、ここで難行苦行の功を積んだ。咒文を誦して座禅の徳を重ね、練行をしていると、滝の上に三十六童子が行列して出てこられた。童子は、この滝穴に入るとかならず龍樹菩薩にお会い奉ることができると小角に告げた。

小角は、歓喜して聖力に乗り、滝上から滝窟の雲岩石の中に入って行った。歩いてゆくと、は

るかに奥の方に金や玉で飾られた美しい世界が見えてきた。南閻浮提《なんえんぶてい》―須弥山の南の国―の器界とは異なって、金・銀や瑠璃などの七宝でちりばめられた宮殿や、高い三重塔がそびえていた。百福荘厳の重いかんぬきで閉じられていた。そこで、行者が門扉を叩いて、この寺に役の優婆塞が来たことを告げた。すると、岩屋の内から、

「知っているか知らないのか。我は、これ徳善大王である。ここは、龍樹菩薩の浄土である」

という声が聞こえた。

門の戸を開いて内に入り、その境内を見ると、何ともいいあらわせないようであった。現の身で、この浄地に入ったところ、身も心も無垢になった。

龍樹菩薩に会う知遇を賜り、拝顔してから、固有の灌頂の法を相承ることができた。この時に、菩薩は、また「無価の宝珠」を役氏に授けられた。

役氏は、最後に辞去してこの浄土から退出してきた。日本国内の霊峯を巡って修行し、固有の密法の修行に専念なされた。一般の民衆に対して、広くご利益をさずけられて、すでに行願を達成された。

天武の白鳳十一季（六八二）壬午。行者は年四十九歳にして、箕面寺を建立されたと伝えられている。

『役君形生記』坤（下巻）

第一　大峰修行の事

小角は十七歳になって、先に熊野山に詣り、證誠権現に参拝した。しかして、大峰に入った。『日蔵上人伝』には、つぎのように書いてある。中天竺にある仏性国の巽（東南）の角がたちまち欠けて東方を指して飛び雲に入った。これが今の大峰である―大峰は紀州牟婁郡に在る―。中天竺の霊鷲山が日本国に飛んできて民衆を済度する故に、これをたたえて大菩提の峯と名づけたという。

小角は、深禅―本名は深山、名を深禅と改める。また神祇仙人がこの山に集まるので神仙ともいう―の岩屋の中に坐って、孔雀明王と不動明王の二尊の法を修めて、大きな誓願を立てて、つぎのように瞑界（あの世）の衆たちに告げていわれた。

「我は、一切の衆生が未来の世において、この山において利益を成就することができるように請い願う。

天衆（梵天・帝釈天など天部に属する有情の総称）よ、地類（地上にある万物）よ、どうかことごとくその形態を示し給え」

すると、誓いの言葉がまだいい終わらないうちから、天から九万八千の神祇冥衆が降りてこられた。また、三十六所の金剛童子が地の中から踊り出られた。

しかしながら、柳山洞の中をを見ると、古い骸骨があった。その長さは九尺五寸、諸々の手足の関節は相連らなって離れていなかった。

左手には独鈷杵を握り、右手には智剣を持って、天を仰いで臥していた。行者は、その持物を取ろうとしたが、金剛のように堅く握って動かなかった。

それ故、ご本尊に一心に祈念をした。すると、夢の中にご本尊が現れて、

「これは、汝の第三生の骨である。汝はこの山に来ること、すでに七生である。もし持物を取りたいならば、孔雀明王の法を修すべし」

と告げられた。

それにしたがって孔雀明王の法を行うと、骸骨は自ら持っていた物を捨てた。また、三重の石屋（神仙にある。下は阿弥陀曼荼羅、中は胎蔵界曼荼羅、上は金剛界曼荼羅）を開いた。われは、初め二、三生の時に造っておいた処であるという。

しかる後に、小角は、山上の岩頭に立って行願を発していわれた。

「もしも、この願いを満し得ないならば、すみやかに我が身命を捨てる」

そうして、自ら深い谷に飛びこんだ。しかし谷底に落ちたけれども、身命は無事で悟りを開くことができた。修験では、これを「捨身求菩提の所行」という。

第二　金峯山修行の事

小角は、金峯山の巌窟の中に坐って、金峯を鎮護する霊神にむかって瑞相が顕われるように祈念した。

この時、まず弥勒の仏が出現なされた。行者が、柔和な慈悲のお像であるといわれた。すると、次に千手観音が化現され給うた。行者は、この宝山を守護し、濁悪の民衆を済度するためには、このようなお姿ではとてもかなうことができないと告げた。その後に、お釈迦仏が出現なされた。行者は、このお像でも、六種の魔境を退け悪業が深く重い民衆を利益することは難しいと伝えた。最後に、堅固不壊の金剛蔵王が踊り出られて、

「我は昔、霊鷲山において『妙法華経』を説いてきた。今、金峯山に蔵王の身となって現れたのだ」

と仰せられた。

行者は拝礼して、蔵王を金峯山に安置し給うた。

故に、金剛蔵王は、過去においては釈迦、現在は観音、そして未来は弥勒である。この因縁によって金峯山は蔵王菩薩をまつる清浄な寺になった。

第三　葛城修行の事

小角は三十二歳になって家を捨て、葛城山―葛城山はすなわち金剛山。華厳経には、東方に山

あり、金剛山という。法喜菩薩がおられて千二百人に説法をされている。故にこの山を法喜の浄刹とする。いわゆる法喜とは役行者の密号である―にこもった。岩屋に住むこと三十余年。藤の葛をつかって衣をつくり、松の実を食にした。孔雀明王呪を持して咒をたて、ついに功を得るようになり、五色の雲に乗って、静閑な仙人の住居に通っていた。しかも、行者は、来世のためにこの崇高な峯を結界となされた。

この霊峯の山々それ自体が、『法華経』の一部始終である。それ故に、葛木を「一乗の峯」という。これは、加陀（加太）の峯、妙の石屋―序品の岩屋ともいう―からはじめて、峯の順に左右三町の崇高な峯を合せて『法華経』であるとした。去岳（槇尾山）が、その終りになる。小角は法華二十八品をこの峯に埋められた。序品は伽陀の岩屋に納め、巻尾は率都婆の峯に埋めた。それ故に、その間に二十八の禅舎がある。

第四　久米路橋の事

文武天皇元年（六九九）丁酉。行者の年は六十四歳。ある日、小角は山神に、「葛木の嶺から金峯山に登る。その間の谷を渡ることは、はなはだ危険である。苦行をした者でさえも、なお難儀のようである。汝らは、二峯の行路に石橋を架けて通わせよ」と命じた。命令を受けた神たちは、毎夜岩石を運んだ。小角は、橋を架ける工事を督促して、なぜもっと速くしないのかと、大声を出して山神を叱りつけた。

すると、葛木の峯の一言主神は、自分の顔形が非常にみにくいから昼の作業にはしたがい難い。それ故、夜になるのを待って作業にかかるから遅くなると答えた。

小角は、一言主神にはやく作業をするように促したが、一言主神は反抗した。小角は怒って、一言主神を呪縛して、深い谷底に押し込めてしまった。このために橋を架ける作業は中止してしまった。

第五　伊豆へ配流の事

一言主神は、官人に託宣して、

「われはこれ、逆賊を鎮圧する神である。役小角を見ていると、彼はひそかに国家を倒そうとうかがっている。早急に小角を退治しないと国が危険になる」

と告げた。そこで、文武天皇は小角を召取るように命令を下した。

小角は空に昇って飛び去るので、追いかけて捕えることができなかった。そこで、役人は、計略をめぐらせて小角の母を牢に収容した。小角は、やむを得ずに自ら名乗り出て牢に入れられた。

小角は伊豆大島に配流の刑に処せられた。

島に居ること三年に及んだ。昼は禁制を守っていたが、夜になるとかならず富士山に登った。

小角は、まるで陸を走るように海上を走って渡った。

その速いことは飛ぶ鳥もおよばないほどで、暁になると島に帰ってきた。

正しくは、駒形山―駒形権現は箱根山―に登ったのである。瞑想の日には、よく努めた。また、小角は鯨波の海を渡り、あるいはまた走湯の山雲に伏した。

第六　行者帰洛の事

そうしているうちにも、一言主神は小角についてしきりに嘘偽りの託宣をつづけた。小角は、さらに大変に天皇の勘気をこうむった。文武天皇五年（七〇一）二月。天皇は死刑を執行することを命じて、役人が伊豆大島に向かった。

同月二十五日。使者の役人が役行者を刀で斬ろうとした。そのとき、富士明神の表文が刀の鋒先に写し出された。畏れた死刑執行の役人は、そのことを天皇に上奏した。天皇は勅命を下して小角を京に迎えた。

同年、五月一日から小角は箕面寺に移った。

第七　慈父報恩の事

小角は、日本の国から去って行きたいと願っていた。しかし、生まれた国で、まだ父母の恩に報いていないことを嘆いていた。大峯の深山に、千基の石塔を造って建立し、空鉢の岳において供養をした。その導師は、大唐の北斗大師であった。

ようやくにして法事が終ると、大師は篠の葉に乗って帰国なされた。この時、行者は、

「我は父母に囚獄の恩に報るため、千の石塔を建て恭しく供養する。

願わくば、諸々の天善神よ、この塔婆を我が深く念願するところに速かに隠し給え」

と誓っていわれた。するとたちまち、そびえる千塔を紫の雲がことごとく覆い隠してしまった。

さらにその上、白鳳十四年（天武天皇十四年、六八五）には、祖先や親から相伝してきた田畑を当麻寺に施入なされた。

第八　小角入唐の事

小角は、大宝元年（七〇一）、箕面寺に移り住むこと三年。天命を保つこと七旬（七〇年）。母を一鉢に乗せ自身は草葉に坐って、海に浮びながら唐に入られた。

その時の御記文は、つぎのように記してある。

本覚円融の月　はるかに西域の雲に隠くれるといえども
方便応化の影　普く秋津の洲の水に移る

第九　異類（人でない畜生類）を化度する事

わが国の道昭法師は、勅命を承って法を求めるために唐に渡られた。ある時、新羅の山の五百虎の請いを受け、新羅の深山に行って法華経を講義していた。その法会の場所に、日本の言葉で質問をしたり、また議論をする者がいた。

道昭和尚が誰かと問うと、

「我は日本国の役優婆塞である。異類を化度するため、この法会に出席した」

と答えた。しかも、小角は、

「親子の契りというものは、天人・仙人といえども捨て難いものである。我は母を伴ってこの国に来た。しかし慈父の骸は、なお日本にある。今も常に日本国に通っている」

といった。道昭は高座から下りて捜し求めたが、声はしても姿は見えなかった。

終わり

まことに修験の行法は、いまだに先祖の釈役（役行者）の遺風を超えてはいない。この道を学ばなければ三妄盲昧になることを知っている。どうすれば本宗の主旨の源底を開き、また真実の道に到達することができるだろうか。それには勤むべし修行すべきである。

ここにおいて、秀高は若い頃から修験道を志した。そのために終日読書に励んで眼を苦しめ、夜を通して意味を解くなど一心に努力した。その結果、この二巻の書物に集録することができた。

自分はこの書物を開いて読んでみるに、祖師―役行者―の生涯の行法・化度・方便・形跡が、あたかも掌の中を見るようによく書いてある。その上、この書物は薄智愚盲の者のためには勉学の参考になる。そのために出版した。

あえて、上智広学であるというからではない。

元禄五年壬申（一六九二）暦七月吉日　　相陽（相模国）熊野寺快誉　跋

全般的に、密教や本地垂跡説、法華思想の影響がうかがわれます。この書物については、多くの書物を参考にして役行者を讃えたもので名著であるという意見と、また多くの俗伝を集めて記録したもので、条理が無いという意見もあります。

この書物は、修験十巻鈔（修験五書ともいい、『修験修要秘決集』『修験三十三通記』『修験指南鈔』『修験頓覚速証集』および『形生記』）の一つになっています。

『役行者本記』や『役行者顛末秘蔵記』などにくらべると、法華色が濃く出ており、両部神道の影響も認められるといわれています。最初の部分は、熊野系修験の教義書と類似しています。江戸時代の役行者の伝記として、また当時の修験道について参考になるものです。

金剛蔵王権現（出水元一氏画）

第四章　『役公徴業録』の役公小角

この書物は、『役《えん》公《こう》徴《ちょう》業《ごう》録《ろく》』あるいは『高祖徴業録』とも呼ばれています。

徳川吉宗が没し、奥羽地方は冷害にみまわれ、江戸でも米が値上がりして、田沼意次が登場してくる宝暦の頃でしょうか。水戸藩の修行僧が一念発起して、民衆を救済した役行者伝の執筆をつづけていました。彼は本山系の修験大先達、名は祐誠、字名は玄明、旭峯山人と号していました。

玄明は、それまでの修験道の書物や、国史・仏教書・随筆集など三十有余の書物を参考にして比較検討し、いろいろと考証をおこないました。役行者の事跡を年代を追って記録しています。内容に信頼のおける確実なものは、年代の順に記録し、もし不明瞭なことについては後段にまとめて、整然と編集されています。宝暦八年（一七五八）に完成した推薦の序文があります。

なお、原著には多くの補注がありますが、これまでの伝記類と重複がみられますので、文中の引用補注の大部分は省略しました。

徴業録序

序言を述べる。わが修験宗の開祖である役公小角氏は、早くから広く誓いを立て、あまねく民衆を救済して、さらに神仏を供養して福徳を生ずるようになられた。これらの民衆に対して、俗世のちりを払い、仏陀の境地に合うように修行することを勧めはげまし、いつも福寿康寧の域に優遊させることにつとめられた。しかも、縁に触れ機に応じて、その秀れた行業と威徳を説かれた。すなわち、成るところの原因を説き、あるいは宿命を見ておられた。

役行者は、仮りに胎を人に托して生まれたけれども、誰もそのありの儘の姿を伺うことができないであろう。まして年代も場所も、すでに古くなってしまって文献も多く失われている。このために、後に記述したものを全部集めることは、占いに近いようなもので、選択するのにも気遅れがし、また復取することも容易ではない。

常州の修験僧祐誠は、むかし役行者が民衆を救済し遊歴した事跡を確認するのに一心に努めた。その根拠になるところを捜索し、これを同志に告げる意向であった。壮年時代から六、七十の老年になるまで、晩になると膏油を焚き、夜半までも研鑽を怠らなかった。これは「愚公が山を移し」、あるいは「商主が海を干そう」とした心を感じさせる夢のような想いを彷彿とさせた。衣服も襤褸のようになったが、ついに編集をなし終えた。これに『徴業録』と名付けた。

私は聖護王職で、この宗の検校である。事跡を明らかに確め、かねて世代とともに充実したものにすることを請い願う。

ああ、行者の百千の法門、河沙のように無数の妙徳、種々の応化には、顕の教えも秘の教えもある。この書物には、一、二の小異同は無くはない。しかし、そもそも疑いのあることは確め、信頼できることは伝えるべきで、多く異同があればその業に徴すべく、その跡を尋ねて努力を続けてほしい。

経には「趣は了義すなわち真実の義理を完全明白にあらわした大乗の教えにより、趣は不了義によるべからず」と説かれている。如来が説かれた教えに、まさに従う所以である。この書が、あまねく用いられるように広めたい。

安永四年（一七七五）乙未春三月　　聖護王府臣等上

徴業録序

釈迦は明星によって悟られ、龍樹は鉄塔によって感得なされた。その悟られた所以は、一乗の妙旨、両部の真趣である。わが祖役公もまた、龍窟において感得なされた。法雲は名山から起って一味の雨に民衆を長く潤されている。その慈その悲、ああまことに偉大である。私はその地を訪ねるごとに踏み止って涙を流さないことは、いままでになかった。しかし、世代も古くなったので書物も逸散してしまい、千百のうち僅かに十に一つが存在しているという状態である。

虎関は（役行者を『元亨釈書』巻十五の）方応の部に入れ、また元政は（『扶桑隠逸伝』の）隠逸の列に入れた。なおまだ十分でない。まして他の役行者のことを書いた書籍ではなおさらである。雷は同じように谷に響くけれども、虎を描いても犬に類することもある。凡人の眼をもって聖者を見れば、また何を得ることができるだろうか。即伝の『(修験修要)秘決集』と宥鑁の『(山伏)二字義』は、わが家にとっては明月夜光となっているが、まだ詳しくないところもある。

玄明は、その後の流れを汲んでいる。しかし私と議論をする毎に、いままでは何時も発奮して慷慨しないことはなかった。

ついに国史から諸々の書物や雑記にいたるまで遠近を問わず探索して、この年を数えるまでになった。善き事は、その事を述べるべしという。しかも隠れている事は明らかにし、現れていることは証明して確実にした。

疑わしいことは除いた。しかし俗はこれを雅とするともいう。真偽を裁定して、本跡を正確なものにした事は、雲を開いて太陽を見たということができよう。

しかも、年表にしたがって事跡を述べ、事跡を知り得ても年代が判らない事は後に付けてある。知り得たことも証明できないことは削除してある。孔子がいわれたように、「述べて作らず、信じて古を好む」、これが玄明の志である。

書物が完成したので「徴業録」と名付けている。私は不敏にしてまた心も同じ、よっておそれながら初めに題して述べた。

宝暦八年（一七五八）戊寅春三月　　水戸藩直参大先達　篤祐

役公氏について、凡例（一部省略）には、つぎのように解説している。

昔の学者は、公が道徳をもって鬼神を役使した故に、世人はこれを役公氏と称したといっている。本姓は賀茂氏であって、公は尊称である。晉の支遁や宝誌にみえる諸師を同じように公と称しているようなものである。また単に公と書くのは、内辞に春秋を魯侯を称して公といっているようなことである。

『役公徴業録』　　水戸　祐誠玄明　著

高祖の役公は、大和葛木郡茆—茅に通じる—原の里人である。父は賀茂間賀介麻呂、母は渡都岐氏—白専渡都岐—高賀茂明神の子孫である。よって賀茂役公氏と称した。

舒明天皇六年（六三四）、冬十月二十八日。一本の華を握って生まれた。

生まれてすぐに、

「我は本来の誓願を立て、一切の衆生をして我らと異ならぬようにしたい。我は昔願ったように今はすでに満足した。一切の衆生を化してみな仏道に入らしめたい」

といった。これはまさしく法華の偈である。

公が生まれた時に、神龍が降りてきて水を吐いて公を灌頂なされた。まだ浴をしないうちから、公は新鮮清潔の仏の相であった。まだ母の胎内にいる時から芳香を発し、また神光を放っていた。母は常に青衣の天女が降りてきて守護する夢をみていた。公が誕生の夕には、慶雲が漂い優雅な音楽が天上から響いて、室内に芳香が満ちみちていた。人々は、これは聖人が出世なされる瑞徴であるといった。

この年の春のこと、正月朔日《ついたち》に母は金色の独鈷杵が雲に乗って下りてきて、口に躍び入る夢をみて妊娠した。それ故に名を金杵麻呂《こんしょまろ》といった。

公は幼い時から普通の子供たちとは交らず、常に泥土をもって仏像を作り、あるいは草木を集めてお堂や塔をつくり、礼拝し供養するのを遊戯として喜んでいた。

六歳になった時に父に向って、

「まだ、子供であるけれども、未来は麒麟《きりん》に比べられるようになりたい。そのために、名前を小角と改めたいと思う」

と願った。父はこれをおかしいと反対したが、ついに小角と呼ぶようになった。

七歳になって、小角は妙に不思議な文字を書いた。父はそんないたずら書きをするなと叱った。ところが、この字を覗き見た都からきた僧が、全くびっくりしてしまった。これは梵文《ぼんぶん》であって、この子は只者《ただもの》ではないといった。

八歳になってから学校に入ったが、先生は小角に非常に感心していった。

「この子は生まれながらもの事をみなよく知っている。これは聖者の生まれ変わりである」

十一歳になって、公は嬉しそうに遊戯をしている際にも、草を結んで精舎の真似をして作り、自ら吉祥草寺《きっしょうそうじ》と命名した。あるいはまた、金寿院《こんじゅいん》とも称したという。今の茅原寺（現在の奈良県御所市茅原吉祥草寺）の基になっているところは、その跡である。

十四歳になって、深く教業や義理を尋ねて勉強した結果、もろもろの法は皆これ「空」と自ら悟って勇猛精進して、ついに仏教の教えに帰依した。

十七歳になって、叔父の僧願行にしたがって出家し得度した。はじめは声聞の乗を求めて四諦の法を聞いた。次に、辟支仏《ひゃくしぶつ》（縁覚世尊）を学んで、十二因縁を観じていった。羊車鹿車（三車火宅のたとえ、声聞・縁覚の乗）は下劣であって、われは大白牛車《だいびゃくごしゃ》（菩薩の乗、大乗妙法）を取るといった。

錫杖を振って葛木山（現在の金剛山）に入った。葛木山は、『華厳経』にいうところの金剛山、法喜菩薩の浄土である。葛木山の支峯・余嶺は、大和・河内・和泉・紀州の四ケ国にまたがっている。

公は、各霊区を巡礼して幽処に正座し、藤皮を衣とし松葉を食物とした。六波羅密を修めること三年に及んだ。その間、咒を結び誦を持して怠ることが無かったので、毎日爪を切る暇もなかった。世間で役優婆塞行者と号しているのは、その肖像や容貌を見取っていっているのである。

白雉三年（六五二）。公は年が十九歳になって大峯に入った。十二月十八日に熊野に参詣した。大峯に入るには、はじめは熊野からである。熊野は日本の先祖をまつるところである。公は熊野三山に巡礼した。三山の神は権現として形を現わされている。思うに、誓いをたててたずねられたのである。これらの事は縁起に詳しく述べてある。

大峯山は、元は天竺の霊鷲山《りょうじゅせん》が分れた土地であって、世尊が説法した霊場であると伝えられている。それ故に一乗の峯とも云う。金剛界と胎蔵界のもろもろの尊が、列座されている故に両部山ともいう。また、その地は黄金であるから金峯ともいう。

また、この山は四方が数百里もある広大なところである故に大峯ともいう。あるいは、大菩薩の峯を略して大峯という。

頌文には、中天の霊鷲山が日本国に飛んできて衆生を済度するために、大菩薩の峯の名があるとされている。

公は木食して草に座し、大峯には三年、また葛嶺にはおよそ六年の間、六度（六波羅密）を修行してから家に還られた。

天皇は行者を見るために召し出した。多くの官人は小角を神人として尊敬した。

白雉五年（六五四）、公は二十一歳の時、断髪山（河内国河内郡にある―現在東大阪市東豊浦町髪切《こぎり》山慈光寺がある）に登った。山中には、雄は赤眼、雌は黄口という鬼が住んでいた。鬼一、鬼次、鬼助、鬼虎、鬼彦の五子を生んでいた。公は方便として、その最愛の鬼彦という子を捕まえて鉢の中に隠した。二人の親鬼は顔色を土のようして四方八方に子鬼を捜して廻ったがいなかった。ついに、公の所にきて子鬼を助けてくれるように指示を願い出た。

公は親鬼にいった。

「汝らはいつも人の子を害しているのに、どうしてわが子ばかりを愛するのか」

親鬼は答えた。

「わしらは、はじめは鳥や獣を食べていたが、もはや食いつくしてしまった。それで、ついに人の子を食べるようになった」

その時、空中から大きな声が聞えた。その身は不動明王。金剛の体に火焔は猛烈、眼光はきらめく稲妻のように輝き、とどろく雷のような声であった。手に利剣を提げて、長い策《さく》（大なわ）を持って悪魔をよく降伏させていた。金羽鳥（孔雀）のように力を奮って、毒龍を討つことができた。公は、親鬼にむかって、

「汝ら人を害するのを止め、改心せよ。もし改めないならば、不動明王の怒りに遭い、汝らは後で臍をかむぞ」

と告げた。二鬼は大いに恐れおどろき、頭を地にすりつけ角を崩して最敬礼をして、

「わしらは、人を食うのを禁止されると飢え死にしてしまう。どうか願わくば、哀れと思い情を与え給え」

と願った。公は仰せられた。

「われには神呪があるから、汝らもこれを唱えよ。青虫も、ヂガ蜂に変ることができるではないか。汝らも人間に化けられる。必ず化けられるぞ」

そこで、二人の親鬼と五人の子鬼は、公にしたがって呪文を唱えて、ついに人に化けることができた。

それからは、木の実を採り水を汲み薪を拾って、公の食事を作った。ひたすら公の命令に従った。さらに公は、夫の名を前鬼《ぜんき》、妻は後鬼《ごき》と改めるように命じた。

このような変身は、まさに生死にも比べられるようなもので、出家をしたいと願った。後に皆が堂を建て増し、また精舎を建てて慈光寺とした。世に髪切山鬼捕寺（現在この慈光寺とは別に奈良県生駒市の鬼取町には鬼取山鶴林寺がある）と称した。

斉明天皇元年（六五五）、公は二十二歳になった。秋九月、客星すなわち彗星が月を犯し、上は女が主となった（斉明女帝となった）。

多くの役人たちは、これは不吉の兆であるといった。そこで、公を召し出そうとしたが、その時、公は大峯山で修行していた。使いを派遣して山に訪ねて往った。

大峯の嶺は大木がうっそうとし、その峯は高く険しく、その谷は大きく深く切り立っていた。公は、奥が深く暗い洞窟に住んでいた。小さな峯はいくえにも重なり、その上に登ると心が酔い、奥深い谷に臨むと、魂もおどろくばかりであった。その石は玉石で、乗の教えを示して照らし、その泉の水は豊かで、これを飲むと長生きをした。曲った枝が垂れさがった木には、太い蔓が上

大峯修行の役行者（出水元一氏画）

の方まで巻きついていた。

時には、ちぎれ雲が雨になり、深い霧もたちまちにして晴れた。神仙の旧丘を過ぎるときには、薩埵がいられる化城も、このようであるのかと想像された。

この大峯の岳は高く秀れ雪を積み、大空を飛ぶ鵬《おおとり》の翼になったかと疑うばかりであった。かの泉を飛びこえ雲を帯び、飲谷の虹の色も怪しく、種々の珍しい変った樹木が一面に花を付け、霊草は芳香を放ち珍しい小鳥が和やかにさえずり、瑞獣が徘徊していた。

公の居る巌穴のところは、青い苔がついて瑠璃を敷いたように浄らかであった。座禅の石布は、紅葉でもってしつらえ、錦や繡《しゅう》もおよばないほど鮮かであった。天皇の使者は唖然として、世尊が苦行されている様子を今に見るとは思いもよらなかったと感嘆した。そして礼を尽して天皇の使いの主旨を公に宣言した。

公はやむを得ず起きあがって、小鳥布・僧伽梨・金策を持ち、鉄の履物を履いた。阿私《あし》仙人が王宮に赴いた話に似ている。小角が前殿に場を設けて、三日の間、修法をしたところ客星はただちに没して四海は益々穏やかになった。

斉明天皇四年（六五八）、公は二十五歳になった。春三月に摂津の箕面山に登って、久しい間そこに留まって修行をした。

箕面の山には、一は雄瀧《おだき》、二は瓔珞《ようらく》の瀧、三は雌滝《めだき》の三級の瀑布がある。飛び散る流れは、雲に漂い、雲表にかかって、あたかも白龍が天から下りてくるようであった。深い淵に、水玉を飛ばして山間に鳴る音は、地から大きな雷がとどろくようであった。その上には常に瑞雲がかかっていた。公は念仏を唱え御経を読んでいた間に、忽然として霊異の喜びを覚えて、まるで夢を見ている感じであった。ここに及んで、公は益々値遇《ちぐう》の縁があるのを知った。小角は修め習い、いよいよ勤めて法施もおこたらなかった。

夏四月十七日、まさに瀑布の場所に行こうとして、衣を振るい上に登った。いばらを開き峯や山をのぼり、奇石に腰を掛けて休息をした。浮き雲はゆらゆらと漂って進まず、ようやくにして第一級の滝に達した。

そこには淵があって、水の色は藍のようであった。宝剣を横たえ飛びあがって、龍窟に入った。うっとりとして行くこと一里ばかり。たちまちにして浮雲をしのぎ、その地を見ると玻璃のようであった。そこにある樹には宝珠や黄金が縄のように連なって都の境になっていた。広々として壮麗な有様は、天上の都も超えるばかりであった。

公は門の前に立つて、

「われはこれ、役行者小角と申す者である」

と告げた。さらにここは何処かと問うと、龍樹菩薩がおられる浄らかな寺であると応えた。徳善大王が出てきて、公がこられるのを久しく待っていたといった。公は謹しんでうやうやしく門の中に入った。

蓮の池、法台、仏閣や僧房は、五色の雲に彩られて、七宝が光を放っていた。玉のように清楚な玉樹の木や、また美しい草花が庭園によく育っていて、霊鳥や珍しい鳥が和かにさえずり、また金玉がショウショウと鳴っていた。

公は天童子に案内されて御殿にあがった。珠灯は左右に連なって、宝の幟は四面に垂れていた。外院の光明の雲台には、天人や聖衆がくつろいだ姿で微妙な音楽をやすらかに奏していた。

弁才天宇賀神が首座になって、三乗（声聞の乗、縁覚の乗、菩薩の乗）の賢者や聖者たちがきら星の列のように並び、八部の鬼神たちは雲のように集っていた。公はしずしずと歩いて、龍樹菩薩の足下におもむき、頭を地につけて重々しく敬礼をした。

この時、徳善大王は座から立ちあがって仏前の香水を執り、公の頭の頂にそそいだ。菩薩は、右手で公の頭の頂をなでた。ここにおいて、公はその座から三摩の地に入られた。

公は、凡身を転ばさずして仏身になられた。菩薩は、歓喜なされて無価《むげ》の宝珠《ほうしゅ》を公の衣に繋がれた。それでもって伝燈を表された。これが鈴繋《すずかけ》衣《ごろも》の始まりである。公はその恩を感謝し、九拝してから退出した。たちまちにして瀑の上に出ることができた。

これ以来、公は神通力をもつようになった。あるいは、公が五色の雲に乗って天下の名山や霊嶽に遊んだともいわれる。この年、公は箕面山において龍樹大士の像を作りあげ堂を建てて安置した。冬十月に落慶して得道の恩に報いた。

天智天皇六年（六六七）。公は大峯において、枯れはてた骨を発見した。四肢はまだ離れず、左手には独鈷杵を握り、右手には宝剣を執っていた。公はこれを取ろうとしたが拳はまるで石のように堅く握っていた。

その時に、空中から不動明王が告げる声がした。

「汝は、この山において七生にわたって苦行した。なぜ、それを忘れたのか。そこにあるのは、汝の第三生の遺骸であるぞ」

公は夢から覚めたようであった。千手陀羅尼と般若心経とを唱えて宿修の恩に報いた。すると、その枯骨は自ら手を開いたので、独鈷杵を持ち帰り、孔雀明王の像を鋳て造らせた。これらは後に当麻寺に収蔵された。また、宝剣は大峯山に埋蔵した。その山は剣の峯（八剣山、今は八経ケ岳）という。

三重の石室（奈良県吉野郡下北山村前鬼にある）は、下は阿弥陀、中は胎蔵、上は金剛界の曼荼羅である。それぞれ重なった壇に法器を供えたが、今はすべて石に変っていた。ここは、今の身に生れかわる前に、公が修行をした地であった。東北の石には公の像を刻んであるが、何人がしたのか知らない。

天智十年（六七一）。公が大峯に居た時に、一匹の年老いた猿が現れ、辟蘿《へきら》（緑色のかづら）を採って公の法衣を補修した。これは結袈裟《ゆいけさ》のはじめである。

公は、このように菩提の心は畜生にも起きるといわれた。信仰である。汝らも畜生を変えて人にできる。それは、祈りの願いを掌に示すように明らかであるという。

天武天皇白鳳二年（六七三）。万法蔵院を当麻《たいま》の地に移した。万法蔵院は初めは河内の山田にあった。麻魯古《まろこ》王子が創立なされた。推古天皇は勅命して官寺としていた。この年に王子がめでたい夢をみて、大和の当麻に移そうとした。当麻は公の領地であった。

天武天皇は夢の話を聞いて、小角を諭すように刑部《ぎょうぶ》親王に仰せられた。麻呂古王子は、刑部親王を連れて公の所に訪ねて来た。公は霊夢の話を聞いて大変に感激し、天皇からの詔を非常に嬉しく思っていた。二王子が来訪されたのを喜んで、その地を喜捨して寺になされた。

天武四年（六七五）。公は鷲峯山―山城国相楽郡に在り―を開いて、弥勒大士を安置された。

天武九年（六八〇）、春二月。葛木山において麟角を得られた。人々は、麟角は公のために出たのだといった。

天武十年（六八一）、春二月。当麻に万法蔵院が完成した。名を禅林寺と改めた。世に当麻寺と称している。公は大峯から到着して、さらに若干の田園および山林を寄附された。また、自ら一本の桜を植えられ、仏法が衰えると桜樹が枯れるといった。それ以来、古い枝はしだいに朽ちるけれども、新しい梢はよく伸び、枝葉もよく茂って、季節になると花も実もあでやかで美しい。その時に、四天王の像が百済から到来し、また熊野三神も一時は姿を現された。その時の公の座石は、今も存在している。

三月十七日の夜に、如意輪大士が夢に現れ、つぎのように公に告げられた。

「われはこれ、汝が前生に持っていた本尊である。今は埋もれて泉州にある」

そこで、公はそれを捜し求めに往ったところ、古い丘から夜の霊光に照らし出されて、発見することができた。そこで堂を建て安置なされた。金峯・熊野の神も祭って、鎮護の神とされたので金熊寺——日根郡にある——と称した。

天武十一年（六八二）、公は朝廷に請うて箕面寺——滝安寺——を建てられた。公が、得道された地であることを表すためである。

持統天皇十年（六九六）の春。公は龍樹大士にお会いして毘盧遮那《びるしゃな》如来の密法を授けられて、凡身即仏の旨を悟られた。すなわち、捨てるべき身も無く、求めるべき仏もない。公は身を釈迦と化して二乗（大乗と小乗、すなわち声聞と菩薩）を説くのは、しもじもの愚かな民衆を救うための方便であるといわれた。

その当時、世間の人々は二乗に帰依していたので、僧侶たちは小角のいうことを聞いてそしった。僧侶たちは、煩悩を断たないで、どうして仏に成ることができようか、それはできないことだ。肉身を捨てないで、どうして菩薩を求められようかといった。

経にいっているではないか、無量の劫《こう》（仏教できわめて長い時間の単位）において難行苦行し、いまだかって休止しないでいる。三千大千世界（大宇宙）、芥子ばかりも、わが身を捨てざる所なし。しかる後に仏になることができる。三界の教主であっても、なおこのようである。まして小角はなおさらである。小角のようなのは、まさに外道の類である。公はこれによって罪になった。

文武天皇三年（六九九）。公は年六十六歳。天皇は公を召し捕る勅令を下した。しかし、公は空に昇って去ってしまった。役人は小角の母を獄屋に収容したので、公は止むを得ず自ら出てきて牢屋に囚われた。

夏五月に小角は伊豆大島に配流された。船は泉州を出発して、南海を通過していた。薫風はおもむろに吹いて大波も起こらず、船の楼に上って涼月を見ると、碧天も四方に低くひろがっていた。遠州についたころ一片の黒雲がにわかに風雨になり、さらに逆巻く波は空に立ちこめて、公の船は、まさに転覆せんばかりであった。この時、公は印を結んで咒を唱えると、孔雀明王が雲の中に現れ出られた。その光が海上に輝くとたちまち空が晴れた。船の人たちは、ようやく生き返ったようになり、公の徳を敬い畏まった。ようやくにして、伊豆大島に着いた。

公は島に居ること三年。昼は禁制を守っていたが、夜になると必ず霊地に行って遊んだ。神々しく秀でた富士山を最もよく愛した。あるいは海の上を踏み渡り、あるいは大空を飛んで帰ってきた。その速く走るのは、まるで飛ぶ鳥もおよばないほどであった。

五重の宝塔が島の上に現れた。たまたま、それを見た異国の僧が、あれは迦葉仏の五重塔の建物に似ているといった。また、毎夜ご神燈が星のように、あるいは島の上に長く連なり、また富士山にも上った。これは、龍王が献上されたのである。龍女は、かって小角から教化済度されたので、これは感謝の印であった。

あるいはまた、霊光が海にきらめいていたので、公がこれを求めて行くと、伊豆の高峯―あるいは熱海―であったという。そこで独鈷杵をもって掘ったところ、そこから温泉が噴出してきた。その湯煙は、まるで雲のようであった。その湯煙の中に、金色の文字があらわれ、観世音の示現であるとかいてあった。走湯は大潮のようであった。諸々の民衆は、その湯で沐浴して苦しみを離れ、極楽に生まれたような思いをしたという。

走湯（温泉）をはじめて設け、また函嶺―俗称は箱根―を開いた。五色の雲が海の隅から出てきたので、公がそこをたずねたところ、相模の江ノ島であって、弁才天女が現れた。この地に毒龍がいたが、公はこれを鎮めた。公は剣を解いて献上した。

文武四年（七〇〇）。公をおとしいれようとして嘘偽りを告げたり、悪い噂をながすなど、公をそしることには極りがなかった。

冬十月。天皇は公を死刑に処するように命令を下した。その時、富士の明神が形を現して、役人の刀が三つに折れてしまった。役人は大いにおどろいて、その実情を報告して都の意向を聞くことにした。

この年は、例年に比べて時季はずれに霜や雪にあって、稲などの五穀も実らず、また疫病が流行して多くの人や馬が死んだ。天皇は、これを大いに心配なされていた。ある夜の夢に、晴れやかな顔をした一人の童子が雲の中から忽然と宮殿の前に降りてきて、

「尊い聖者を、なぜに罪するのであるか」

と尋ねた。天皇が問うと、

「われは、これ北斗の星である」

と答えたので、天皇は非常におどろいた。

その時に天皇は大島の状態を聞いた。さっそく、使いを派遣して公を迎えることにした。すでに、公はこれを知っていたので、弟子に海を渡って使者を慰労するように命じた。使者は驚いて、公が三明六通（神通力）を持っていると聞いていたが、果してその通りであったといった。公は迎えられて京に帰還してから後は、大島のご神燈も見られず、また宝塔も没してしまった。

小角死刑、太刀は三つに折れる　『役行者一代記』より

大宝元年（七〇一）、春正月。公は年六十八歳、伊豆から帰った。公は尊ばれ、喜んで迎えられた。朝廷では後悔して、公を拝して謝罪し国師として長帽子を下賜なされた。それでもって、公の徳

を表わされた。また、詔して、日本の国の民衆を公の心のままに教化済度されるように仰せられた。公は、ご恩を感謝して退去してきた。

郷里に帰還してみると、村の入口にある門も、もはや古くなって、春草は盛んに茂っていた。母はおいぼれていたので、直ちに立ち去るには忍びなかったけれども、公はついに別れてきた。

大峯に登って、父母の恩に報いるために一千の卒都婆を立てた。それには、つぎのように文を書き記した。

南　不論迷悟者　入於遍知院　不断煩悩者　超菩薩十地
東　所成根本　貧瞋癡等　不改当位　毘盧遮那　三点法身
西　一切諸衆生　法爾法然住　自在遊楽土　五峯金剛頂
北　大宝元年夏四月　孝子小角　敬白

右の文の首章はわが輩が塔に書いた。余章はそうではない。何故か。それは龍樹から伝えられたもので公の遺言である。その意味は、深妙であって秘蔵すべきである。

この供養の時に、北斗大師と知延大師の二人の大師が先導師になられた。諸々の仙人が、来て供養を受けられた。その数はおよそ三百八十人。それ以来、その峯の名を空鉢（空鉢ケ岳）とした。

公は祝っていわれた。われは、まだ来世の人が信じていないために、親しく瑞兆を現して、その功徳のあることを示してほしいと願われた。諸々の天善神にかねてからの誓いをたてられるや如何。まだ、いいおわらない内に紫の雲がむくむくと湧き起こって、一千の卒都婆をことごとく巻いて去ってしまった。今や諸国の名山や霊峯にある由緒が知れない石塔は、この時の卒都婆である。

公がまさに大峯を辞されようとしていわれた。後五百年、わが跡を慕ってこの山に入る者も多かろう。神明のお助けがなければ、誰がよくこの畏れおおい途を侵すことができよう。公は、段をのぼって尊をえらびたいと請われた。

すると弁才天女がご降臨なされた。公は威力があるけれども女である。公がまだまだであると思うと、天女は天河に避けられた。つぎに地蔵菩薩が出現なされた。しかし温和できびしさがないから、どうして悪魔を制することができるだろうか。菩薩は吉野の川上に避けたまうた。

突然に天地が大震動して、金剛蔵王が地から湧き出てこられた。それは忿怒の相をして、その勢いは大きな嶺をも動かしてしまうほどであった。この像は釈迦と観音と弥勒が合体したところの像であった。公は大変に喜んで、

「偉大なるかな神の威徳。かならずよくこの名山を鎮め護り、益々多くの民衆を集めて龍華会にいたらせたい」

と讃えていわれた。

また、十五童子が地から湧き出てきた。公は八人の童子（大峰八大金剛童子）を大峯に留めた。すなわち、除魔童子は吹越の宿・後世童子は多和の宿・慈悲童子は水飲の宿・悪除童子は玉置の宿・剣光童子は小笹の宿・香精童子は深禅の宿・検増童子は禅師の森・虚空童子は笙の窟である。また七人の童子を葛城に送った。羅網童子は釈迦留岳・福集童子は大福山・宿着童子は入江の宿・経護童子は一乗の峯・未出光童子は般若の峯・常行童子は金剛山・修飯童子は二上山である。それぞれもって護法神とした。それ以来、その峯を湧出岳という。

夏五月一日。公は錫杖を振るって箕面山に移り、この山で入滅をしようと決心した。山の神は泣き、草木もその色を変えた。公は一偈を唱えた。

本覚円融の月は　西域の雲に隠るるといえども
方便応化の影は　なお東海の水に在り

六月七日、公は落ちつきはらってやすらかに寂に入られた。しかしながら、いまだ幾日も経ていないのに、公が老母を鉢に載せ五色の雲に乗って去るのを見たという人がいた。人々はみなびっくりしてしまった。ついに墓を開いて柩を覗いたところ、ただ金策と鉄の下駄だけが遺っていた。

役行者母を鉄鉢に載せ唐に渡る　『役行者一代記』より

これから後に書く役行者の事跡は、凡例に示したように年月がはっきりしていないので、ただ伝承を一つ一つ挙げて書き並べることにする。

この歳、公は僧雲遍―越前国の人、後に泰澄《たいちょう》と号す―とともに山城の愛宕山に登り清滝に着いた頃、突然に風雨と雷鳴にみまわれた。公と泰澄の二人は念仏をとなえると真昼のように明るくなった。さらに加持すると、地蔵・龍樹・富楼那・毘沙門―あるいは愛染を加えて五尊―のそれぞれ尊が光を放つて現れた。その上、日羅・禅界・栄術の三神（俗称は天狗）は、各々その一族の大将であった。象鼻、鳥嘴、虎爪、肉羽がある者の数は九億四万余り、大杉の樹上に雲のように集って告げていった。

「われらは、かって霊山会上において仏の付属を受けた大魔王である。どうか、この山を領有して群集にご利益を与え給え」

と願いをいい終わると姿を消してしまった。

そこで、公は杉の樹を封じて四所明神とした。ここを、清滝の祠と称して滝上には千手大士を安置した。

公は、朝日・大鷲・高雄・龍上・賀魔蔵《かまくら》の五峯を初めて開き、その状況を朝廷に報告したところ許可の旨があったので朝日の峯に神社を建てた。改めて、愛宕山―あるいは愛太子山―大権現と称し白雲寺を建立した。光仁天皇・桓武天皇は益々尊敬して、ここを鎮護国家道場にした。また、四峯―大鷲月輪寺・高雄神護寺・滝上日輪寺・賀魔蔵伝法寺―も立派な寺である。

初め、公は不動明王と孔雀明王の二尊の法を修めた。この二尊およびいろいろの眷族が、常に公を加護するためにやってきた。風が吹いても公の冠は少しも動かず、また雨が降っても衣を濡らさないほどであった。

公は、神道を中臣意美麻呂について学んだ。

公は、天河（奈良県吉野郡天川村坪内弁天社がある）に宿った時に、天女が出てきて琵琶を弾いたので、それ以来この山を琵琶山と称した。

龍王が来て、玉壺を献上していった。天竺にある無熱の池の水を閼伽としてお供えした。公は、これを大峯と葛城の峯に灌がれたところ、この水はみな湧き出て清泉になった。玉壺は、三重の岩屋―大峯の前鬼―に収めた。噴流は瀑布のようになった。門人たちは、お堂を建てて公の徳を感謝して龍泉寺と称した。

ある時に、弟子が祭壇を設けようとしたが、山中には鼎《かなえ》（三本足の鉄の釜）がなかった。公は、笑って石に咒法を行ったところ鼎に変った。また、花を供えようとしたが年の暮には花も無かった。公は、また笑って枯木に咒法を行うと、たちまちにして花になった。

公が、遠州の中山を過ぎる時、盗人が公に襲いかかった。公は胸の内で咒文を念じたところ、盗人は足かせをはめられたように動けなくなり、あやまって哀れみを請うた。公は、因果応報といって盗人を諭した。すると、盗人は懺悔して公に付きしたがった。

公が、相模の八菅山に登って修練した時に、天上から天童が降りてきて天蓋を執って奉仕した。出羽の羽黒山に登って安居をした時に、神が出て来て食を設けた。

ある時、葛城山に景雲が現れて、それから神が降りてきて、われはこれ麁乱神《そらんしん》であるといった。仏から三宝を衛護の任務を受けていたので三宝荒神と称した。九万八千の一族がいて、公のために葛城の地に来た。

公は、深禅において禅定に入った。その前に誓いをたてて、この山に来世には法雲を興して民衆に利益を与えたいから、まずその兆を示し給えと願った。すると、まだいいおわらない内に、天神・地祇・風伯・雨師・司令・司禄・冥官・冥衆などが、厳しい姿で雲のように集ってきた。公は、神変を現して空中に昇って坐ると大光明を放たれ、山や谷はたちまちにして黄金の地にかわった。公の声は、公の本地を顕して告げた。

「われは釈迦である。三世界は皆われの所有である」

これによって岳の名は、釈迦ケ岳というようになった。また、五百の弟子が出現した峯の名は、阿羅漢（今は五百羅漢）という。請いに応じて法を説いた峰の名は転法輪という。

　また、多くの仙人たちが音楽を演奏したので、そこを笙の岩屋という。その時に、天上から華の雨が降ってきた。

　仏たちは、それぞれ感嘆して「善なるかな善なるかな、化縁の機」といった。

　公が神の力をとると、仏は神の形に隠れてしまい、山や谷も、またいにしえのようになった。

　春二月、葛城山で華を供えたが、これを柴燈といい、また、秋八月に大峯に果を献上した。これを採燈という。これは、わが国における護摩のはじまりである。

　公は、東海―十五州―を遊行して、東山―関東八州―を過ぎ、北陸―七州―を経て、山陰―八州―と山陽―八州―の山々を遍歴した。西濵―九州と二島―を超え、南海―六州―にも渉った。深山大沢を所有していた。鬼神を役使して、龍蛇を追い払ってしまい、さらに道路を開いた。これを六十六峯の修行という。

　西は異国に遊んで天台山（中国にある仏教の名山）に登り、また華岳にも登った。ついに、タクマラン砂漠を横断してコンロン山脈を越え、霊山の古官を観て廻った。南印度に旅して、龍樹大士に閲見をした。また、拘尸那国に着いて文殊菩薩に遭うた。鶏足洞に返って、自己の旧の杖を取り持ち帰った。宝剣を、淡路の鶴羽山（諭鶴羽《ゆづるは》山）に埋蔵した。これは公が外国で得たものである。

　公が、紀州の海辺を逍遙したところ、神光が波に光っていた。それを見ると霊木であった。早速、観音大士像を造って、泉州の二の宿―日根郡に在る―に安置した。

『法華経』二十八品を葛城山に分けて埋蔵した。伴島（友ケ島）からはじまって卒都婆峯（槇尾山）が終りになる。

初め、公が友ケ島に渡ったところ、風雨になり真暗闇の中に大蛇を見つけた。大蛇は、たちまちに人に変わってきて礼をしてから、われは業《ごう》の軀を脱することができたのは、公の霊によるものであるといい、願わくはこの地に住んで大法を守護したいといった。それ以来崇めて深蛇大王―深は神とすべきである―といわれている。

公は、阿難は多くを聞いて物事をよく知っており、富楼那《ふるな》は弁舌家でおしゃべりであり、目連は神通力があると聞いているといわれた。迦葉はいずれをとって拠りどころにするのだろうか。我が（修験の）徒は山林を頭陀（斗藪）して涅槃《ねはん》を極めなければいけない。

あるいは、公は迦葉の後身とされている。むかし世尊は華厳経を説かれた。その時に迦葉は法喜菩薩になって現れた。我は、衆生を救うために日本に生まれると誓っていわれた。果して言葉のように、わが国に生まれて役優婆塞と称された。一乗菩提の峯を開いて、五濁の群生を引率し給うた。お経に、東北に名は金剛山という山があるという。法喜菩薩がおられ、千二百人を共に連れてきて法を説かれた。金剛山というのは、葛木の峯の異名である。法喜菩薩というのは、公の密号である。公は印度では迦葉尊者となって如来の心印を受けられた。中国では、香積仙人になって生滅不二の秘術を顕された。わが国では、役優婆塞となって十界一如の密行を示された。

その修行した所は、天竺では耆闍窟山《ぎしゃくせん》・駿迦山・伽耶山・檀特山・迦羅陀山・祇陀山。震旦では、大蘇山・南岳山・天台山・盧山・衡山・終南山である。

わが国では、大峯・葛城・箕面・彦山・羽黒・石槌山である。六度万行の義であって、遠離三有の規則にする所以である。

大峯と葛城の両峯には、金剛・胎蔵界の両部の灌頂を設けられた。大峯では深禅に設けて、南を胎蔵界とし北を金剛界にした。葛城の峯では卒都婆の峯に設けて、その西は胎蔵界とし東を金剛界にした。

およそ修行において、胎蔵から始めるのは原因があるから結果がでるという意義である。また金剛界から始めるのは、結果から原因に向うという義理である。われは今、如来の真実の法門を開くから、汝らは直ちに本有大日を見なさい。

公の角帽子は長さが八尺で、不動頂上の蓮華に見立てている。右手に持っている独鈷杵は「断惑證理の利剣」と見なしている。また、左手の数珠は「大悲方便の羂索」を表している。また、錫杖を携えているのは「六趣の済度」を示し、あるいは般若心経を持っているのは、世間真空の二空を示している。法華経を持っているのは、久遠の成道を示すのである。

口は開いて「法爾常恒」の陀羅尼を示している。草衣は「無明業尽」の火炎を象っている。鉄の履物は「法性不壊」の盤石を象っている。右足を曲げ左足をのばしているのは、「行住座臥」の威儀を象っているのである。

左の従者の青鬼は、禅童―一名義覚―と名乗っている。捧げている瓶は胎蔵の慈悲の水である。口は開いてすなわち阿字である。右の従者の赤鬼は、智童―一名義賢―と名乗っている。斧は金剛の智剣である。笈には伝わっている印信と什物が入れてある。

口はとじて吽字である。公はまさに両部不二の不動明王であって、また二鬼は金伽羅《こんがら》と制多迦の童子である。

義覚は小烏巾・不動袈裟・宝剣を執り、また義賢は宝冠・袈裟・笈を負うている。義玄は宝冠・袈裟・数珠を持っている。寿元は角帽子・袈裟と玉索を持っている。あるいは、黒珍を加えて役行者の五大弟子と称している。寿元は、西岳（彦山）に住み、黒珍は東山（羽黒山）に行った。

公が、六十余州に祠堂を建てること、およそ二百八十六所であった。

『行者和賛』には、公は薩埵をもって優婆塞と称すというている。けだし毘耶（毘舎利―国名―）東陽の倫與か。名山にある秘密の蔵を開いて、わが輩が無価の宝珠を得るようにするのは大慈悲というべきである。箕面山において寂に入られたのは、この山を釈迦が入滅された鶴林にたとえたのである。老母と共に西海を超えられた。神異は測りしれないというけれども、最高の親孝行である。

いろいろと議論していわれることは、公は敏く悟り博学であったと称されているけれども、何故に一冊の書物も書き遺していないかということである。

それには、仏祖の道というものは以心伝心であって、いやしくも空しい事はことごとくいうべきでないと答えられている。それ故、公の教えは大峯と葛城の行事で示されるのみである。世尊の成道に徴してみるべきである。公の先身は釈迦であるという。あるいは迦葉という。また夢で龍樹菩薩を見たという。あるいは親しく龍樹から受けたという。

あえて如来の大悲分身無量ということを案じて問うてみると、公が釈迦であり迦葉であり龍樹であるというのも、公のために譬えてみると波濤や潮汐というと名は違うけれども同じ水であるというようなことである。

公は文字では書き遺してはいないけれども、その修練されたところは、厳然とした胎蔵界と金剛界の秘訣であった。その時代には、まだ善無畏は唐に来ていなかったから、唐の人は密法を聞いていなかった。ましてや、わが国にもまだ伝来していなかった。

わが大宝元年（七〇一）は唐の武后の長安元年である。そして公が毘盧舎那であるという独自固有のことを知るべきである。このことはお経には説いていない。自己の身体で示しても、あるいは他身で示してもよい。これを釈迦といっても迦葉といってもよい。

まして公の母が夢を見て公の親（父）を受けられたという。これらはみな教化のための方便である。

公がそしられて朝廷に密告され、島流しの刑を受けたのはどうしてか。

思うに、なおこのような遺行があるだろうか。聖賢の厄というものはみな昔からこのようなものであると応えられている。師子が罽賓《けいひん》（西域の国の名）において、また慧思が南中においての事に似ているのである。

古い記録をみるといろいろと異なっている。道昭は新羅で公に遭ったところ、公が国を去ってきたと言われたという。

『元亨釈書』では、公を応方すなわち善応無方の一人としている。また『扶桑隠逸伝』では、これを求那跋摩《くなばつま》（南朝宋の僧）が竺乾を避けてきたことに比べられている。

これらのことによってこれを考えてみると、聖者また怨むであろうか。否否そうではない。事を好むものはこのようにするのである。

公は生まれると『法華経』を唱えて、「われはこれ釈迦、三界は我に有り」といわれた。これはその本地を顕すものである。密乗（真言）では、本地をわが邦において創立されたから、これはその跡を垂れ給うたのである。化縁が終ってから唐に入られた。いわゆる善応方所である。

国史には欠けているというけれども伝記は見るべきである。それ道を修め難儀に遭うても、二乗を怨むようなことはせず、まして薩埵をうらむことができようか。

道昭の事（役行者と新羅で遭う話）は、年代が合わないから誤説であると知るがよい。済北（虎関『元亨釈書』）や草山（元政『扶桑隠逸伝』）も、まだまだ深くは考えてはいないようである。

ああ、公は人か仙人か、神か仏か、その変化は極まるところがない。天はまた何というであろうか。なお雨露が万物を潤すように、その道は日々に盛んである。

現今、大峯に登って、また葛城の深い谷を渡ってきた。いやしくも先人の説を受けつぎ、公についての話を述べるためには、その事実を知らないでよいはずがない。しかし、こうして千年も経ている。

むかし、楊朱（中国の戦国時代初期に老子の説を入れて、放縦快楽な主義を主張したという）でさえも岐路に立って泣いたという。私もまた、大工が正確に墨糸を引くように役行者の事を正確に書けるかどうかと憂いながら、この書物を著してきたわけである。

徵業録　終り

役公徵業録後序（略記）

水戸藩、晃卿大道士は南峯（大峰）の大先達で、私もまた同職である。ある晩、大道士が訪ねてきて、自分の末流に玄明という男がいる。最近、高祖役公の懲業録を書き著した。先師の篤祐が、この書物に序文を書かれている。

近頃、門徒のために出版しようと計画している。校正および跋文は、ぜひ師に依頼したいと請われ、懲業録をとり出し余に渡して帰って行った。

山中の練行の余暇に、これを開いて閲覧してみたところ果してその功績はまことに偉大であった。博く書物を捜索し多くの書籍を参照し、書くべきことは書留め削除すべきところはこれを削って、明らかにしていることは観るべきである。

高祖役行者の事は、ここに書いてあることに尽きると思う。帰京の後、宿屋の暇の折に再三にわたって校正した。すなわち、玄明殿が精力を注いだことを、益々よく知ることができたことは慶びに堪えない。

明和七年（一七七〇）冬十一月　長（州）藩　養学院主　璋瑞

付言

高祖の徴業録は、わが師の玄明が編集したものである。わが藩の故大先達播渓師と長藩の故大先達芙蓉師が、すでにその前後に序文と跋文を書かれている。小生はまた何もいうところがない。わが師玄明は、詩を芙蓉師に呈して賜言を感謝した。芙蓉師も、またかたじけないとして、これに和していわれた。新艸行蔵録（この書は初めは行蔵録と名づけた。故詩にいう云々）に対して、寧ろ能く一辞を賛された。

山中の杖履を思い　天際台池を隔つ
仏日は今世に輝き　祖風昔時に復す

詩句をみるに秀れていて、いたる所で名吟を多く詠まれた。芙蓉師は、当時は山林斗藪中であった、またもって徴業録を徴すべきであった。故に、これに後序を付けた。わが藩の大先達浣渓師についての紹介は後序に詳しい。浣渓師、名は諄祐、その字名は晃卿である。故大先達播渓師、字名は伯安、篤佑はその諱《いみな》である。わが師、玄明また字名である。名は祐誠、号は旭峯山人。播渓師は浣渓師の賓友である。

安永三年（一七七四）甲午春正月

弟子　其章　謹識

この『徴業録』は、はじめは「新草行蔵録」としていたのが、後に現行のように改題したとあります。漢文の文章も、すこぶるうるわしいといわれています。江戸時代における役行者の伝記としては、おそらく最も充実したものと考えられます。

宝暦八年（一七五八）に完成したので、大先達篤佑が推薦の序文を書いています。その後、これを弟子たちの参考にするため、明和七年（一七七〇）に浣渓師は同じ大峯修行をした長州藩大先達、養学院主の芙蓉師、璋瑞に校閲を依頼して推薦文をいただいています。

玄明の弟子其章が、出版するにために編集した当時には、序文を頂いた両大先達はすでになくなられています。玄明も高齢の身であったのです。

安永四年（一七七五）春三月に本山聖護院の検校から、この書物を世に広めるに推薦文を受けています。

第五章　役行者の伝記について

役行者小角は、修験道の開祖として知られ、一般には弘法大師とともに庶民の間で信仰されていました。したがって、古くから多くの伝承・伝記が書き記されています。ここでは、役行者の伝承を略伝や単一の行者伝のうちから二〇編をえらんで集録しました。

役小角を紹介する場合には、かならず『続日本紀』にある役小角についての最初の記録が引用されています。しかし、これも約百年後に書かれたもので、後半はすでに半ば伝説化していると思われます。これに少し遅れて書かれた『日本霊異記』には、役優婆塞として、いくつかの説話がのせられています。この両者の記録を併せたのが、現在にいたるまで役行者伝の根幹をなしているのです。永観二年（九八四）に源為憲が編集した『三宝絵』は、両者を併せた略伝となっています。

この平安時代には、いろいろな伝承や他の仏教説話などから新たな物語などが加わって、伝記の枝葉になって成長してゆくのです。「役優婆塞」と呼ばれていた小角が、後半の頃の『扶桑略記』の書かれた時期になると、「役行者」と称されて山伏たちから崇拝される重要な人物に位置付けされてきました。

鎌倉時代になって山伏が活躍するようになると、彼らは役優婆塞の流れを継ぐ者として自覚するようになって、略伝にも「役行者ノ事」として収録されるようになります。行者の事績が、かなり具体性をもって書かれています。例えば、一言主神の岩橋の舞台を葛城の二上山と神山としたり、また箕面の瀧における龍樹菩薩の小角に対する孔雀明王経の伝授の話や、当麻寺の再建に田畑を寄贈するなどの事績があげられて、特に『私聚百因縁集』では、小角の両親の氏名など出自に関してはじめて明示されています。

室町時代になると、他の仏教宗派における開祖と同じように、修験道においても開祖としての役行者の伝記が必要にせまられて、確立した小角伝が要望されるようになってきました。そのような時代の流れの中で生まれた最初の伝記が、『役行者本記』です。

しかし、なぜか作者が直弟子義元に仮託されて、その真実の著者名が伏せられているのは、何か背後に事情があったからでしょう。この頃には、各派がそれぞれの立場から教義書を編集し、それにはかならず役行者の略伝がおさめられています。本書では『修験修要秘決集』にある略伝を入れましたが、この中にある最後の偈文が、『役行者本記』のそれとどちらが先であるかはっきりしません。

江戸時代になると、修験道の本山派や当山派の教団が確立して、それぞれ独立した行者伝ができあがってくるのです。伝記内容そのものは、おおむね室町時代と同じであって、本質的な部分は、ほぼ室町時代に出尽くしているように思われます。

江戸時代の伝記は、それまでの略伝にある事柄などを集めて整理したり、また参考事項として多くの文献を引用して注釈をほどこしています。『役君形生記』は、最もまとまった役行者伝であるにしても、補注に該当する部分を省けば、さほど新しい事項は含まれてはいません。いろいろな伝承や教義的な記載も加えられ、批判考証などに重点をおいた面が注目されるのは、『役公徵業録』『木葉衣』などです。『役公徵業録』も本質的な内容は、それ以前のことの整理編集をしなおした程度と思われます。むしろ『役行者顛末秘蔵記』には、道教的な立場からの説話が多くもりこまれています。しかしこの本も、なぜか作者が弓削道鏡に仮託されているのです。

享保六年（一七二一）に、河内の当山派僧蓮体が面白い『役行者霊験記』を著しました。これには聖宝理源大師や弘法大師もとりあげられて、役行者と弘法が同一体となっているのです。江戸時代には山伏が各地を回って、役行者と因縁付けた山岳・寺院などが次第にふえてくると共に、修験山伏によって役行者直伝という呪術や加持祈禱が各地で行われるようになってきます。そうして、小角の伝承に行基や空海の伝承、さらには後の聖宝の伝承とも重なることが多くなるのです。荒俣氏は、空海が「弘法大師」へと転身するその基本構造のうちには、それを分析すると弘法大師は行基であり、聖徳太子であり、また役行者であるとし、弘法伝説と役行者伝説には、修験者の加持祈禱などが共通の要素であることを指摘しています。

役行者の活動の事績は、行基の福祉活動の中にも見いだされます。行基もまた葛城で修行した時期がありました。また、役行者と同様に孔雀明王の呪法の達人であった弓削道鏡も葛城の行者であったのです。

修験僧らによって書かれた伝記には、内容に部分的な変化修飾が認められます。例えば、行者伝にでてくる鬼神も、移り変わります。最初に使役された『続日本紀』の鬼神から、葛城の一言主神も鬼神の列に入れられ、さらには役行者の随従者前鬼後鬼へと変化してきます。前鬼後鬼の物語は、伝記によって鬼の名前もいろいろと変わって、夫婦鬼になったり、あるいは直弟子の義元・義覚が鬼形であるとか、あるいは前鬼五鬼（前鬼山の五人の鬼）となります。さらに前鬼と後鬼の話は、鬼子母神の話の内容に置き変わってしまう伝記もでてきます。あるいは八部衆や山神、また三十六童子が主要霊地に配置され、大峰山では八大金剛童子と呼ばれます。

『続日本紀』の約千年後に書かれた『大日本史』巻二一七、方伎伝、列伝一五四に役行者の略伝があります。

役小角賀茂公氏。（大和葛木上郡萱原村人なり。敏く悟り。仏氏に学びて）呪術をよくす。（年三十二にして家を捨て）葛木山に入る。（粒食を絶ち）鬼神を駆使す。水を汲み薪を採らせ、唯意の儘なり。命を用ひざる者あればすなわちこれを呪縛す。

韓広足従いて学ぶ。その能をそこないて、妖にして妄りに衆を惑わすとして訴する。（文武帝三年、詔して小角を繫ぐ。空に騰りて亡く去りぬ。さらに逮捕することあたわず。その母を収む。

小角自から出て縛につく）。伊豆島に流す。（許しを得て還る。後鉄鉢をもって母を盛り。海に浮びて去る）。

これは、『続日本紀』の記録に（　）で示した事柄が補足されているにすぎません。

当時小角は、すでに修験道の開祖とされていた人物であったとしても、小角に対する当時の一般的な認識は『大日本史』の記録の程度であったのでしょう。

役行者の伝記については、行智が天保三年（一八三二）に『木葉衣』の中で批判考察をしています。明治以降、戦前には牛窪弘善氏が「役行者関係書類」として一九編をあげて簡単な解説をしています。戦後には、佐藤虎雄氏が役行者伝について考察をされ、また大伴茂氏は「大化の改新と護国の行者」として役行者について詳しく述べられています。巽良海氏もまた、役小角史伝の批判および考証を試みられています。

最近では、宮家準氏が多くの伝承、特にそれぞれの時代の代表的行者伝をあげて比較考察をおこなっています。まず、平安時代においては『金峰山本縁起』、鎌倉時代になると『私聚百因縁集』、また室町時代では最初の伝記である『役行者本記』をあげています。さらに江戸時代になると『役君形生記』をあげて、きわめて詳細な構造の分析考察を行っています。

これらの伝承を解析して、役行者の生涯に、葛城や伊豆にいける此世の生活と印度・山岳・唐、新羅の他界での生活が対立しながら展開する形式を認めています。また、小角は護法のために鬼神を使役し、鬼神を呪縛することによって、いろいろの事を意のまま行わせる呪法を宗教活動の中心においているというのです。龍樹菩薩からの孔雀明王呪の授受、金峯修行における蔵王権現の示顕、さらに熊野大峰の両部曼荼羅の大日如来、さらに不動明王へと化身して護法身を駆使するところに修験思想の中核があるといっています。

本山・当山両派の教主は、大日如来の血脈を引く小角の系譜に連なるとして、それぞれの教団が歴史的な権威づけをおこなっています。また、役行者との因縁づけが各地の名山、霊地や寺院など地理的な広がりをみせて、こうした縦と横の修験道組織の中心に役行者小角が位置づけされているというのです。

江戸時代には、また文芸作品にも、役行者がしばしば登場してきます。文楽浄瑠璃も人気があり、この頃は大峰信仰も盛んであった時期です。『役行者大峰桜』は、宝暦元年（一七五一）大坂竹本座初演で、近松半次の処女作です。役小角の伝記を盛り込んで、大峰陀羅助五鬼前鬼のいわれを説く内容をふくんでいます。役小角の伝説に関しては、すでに古浄瑠璃『役行者』『役行者伝記』、奥浄瑠璃『大峰の本地』があります。

役行者は、呪術者とされて、専らその超能力が世間で評判を呼ぶようになると、それをくみこんだ物語ができて世間で評判を呼ぶようになります。代表的な小説は、滝沢馬琴の『南総里見八犬伝』です。伏姫は、役行者から授かった数珠の大玉八個をもって八犬士を誕生させ、これがさらに様々な奇跡を伴う物語に展開してゆきます。この神変をうむ超能力者役行者が活躍する作品の流れは、現在までもつづいて、『幻魔大王』や『宇宙皇子』などの長編SF小説の中でも大活躍をしているのです。

『役行者御伝記図絵』は、幕末嘉永三年（一八五〇）に、藤東海によって書かれ、多くの挿し絵が興味深いものです。江戸期には、また『役行者絵巻』『役行者ものがたり』などのような見事な絵巻もあります。

明治以降になって大正時代には、坪内逍遙の有名な『役の行者』『行者と女魔』の戯曲が発表されます。島村抱月と松井須磨子の恋愛を、役行者を密告した韓国連広足と大峰山麓洞川の村娘に託した作品ともいわれた戯曲です。大峰修行の行者が、生きるには力が絶対に必要であると説き、力の象徴として蔵王権現をえがいています。

なお、それぞれの時代の行者伝の研究は、別記の文献などを参照して下さい。

これらの民間に流布していた小角伝承が、山伏たちの信仰をして金峯大峰に大日如来の浄土である両部曼荼羅を夢見させて、さらに不動明王の信仰となってきたのでしょう。この間に、役行者の伝記は法華経の影響によって色濃く修飾されてくるのです。したがってそこには、奈良時代の神仙を想わせる素朴な行者の姿はないように思われます。

今に伝わっている役行者は、役小角の姿を顕しているとみなされますが、鎌倉室町時代の優れた修験僧が二世三世の役行者と称したその風貌をあらわしているのでしょう。聖僧の生涯を想わせ、信仰が畏敬の中に行者の実像を包みこんでしまうおそれもあります。

実像か虚像か。時代を経るにつれて、役行者は篤い信仰によって、次第に変貌して実像から遠ざかったような気もします。やはり、実像は役君小角の在世当時の記録にしか隠されてはいないように思えるのです。この時代に留まって考察をすべきだろうと考えます。

役行者像（滋賀県石馬寺）

役優婆塞は、葛城から金峯に岩橋をかけさせようとしました。壬申の乱の覇者大海人皇子は吉野へ出家しました。天武は、我が子五皇子に何故に吉野で盟約を誓わせたのでしょう。また、持統女帝は、在位中に吉野へ三十余度も行幸をくりかえしました。これらの問題を解く鍵は、葛城や吉野金峯に隠されているように思います。

役行者についても持統女帝にしても、葛城・吉野金峯と呪法呪術を抜きにしては、その行動から実像をえがきえないのではないでしょうか。葛城・吉野金峯は不思議な霊性をもつ山です。聖地吉野金峯へと山岳信仰がうまれるのです。

修験道の開祖としてまつりあげられた役行者は、神変大菩薩の称号を賜わりました。しかし、空海や最澄のように自ら教義を明らかにし、真言宗や天台宗のように宗派を創立したのではありません。役行者は、教義というようなものは何も書き残してはいないのです。行者の教えは「以心伝心」であって、苦しい長い山岳斗藪の間に自ら体得することにあります。頓速に悟って十地の境地に達することが、修験道の極意であるとされています。

鬼神を従え金峯大峰山中を斗藪している小角を想う時、真の役行者像が示現されるのではないでしょうか。自ら山岳修行し役行者の跡を辿ることによって、何時かは己のうちに行者を発見するのかもしれません。

参考文献

一、黒板勝美編『続日本紀』前篇　新訂増補国史大系　吉川弘文館　昭和五八年
文武天皇三年（六九九）五月二十四日の条の原文はつぎの通り。

「丁丑。役君小角流于伊豆嶋。初小角住葛木山以咒術称。外従五位下韓国連広足師焉。後害其能。讒以妖惑。故配遠処。世相伝云。小角於能役使鬼神。汲水採薪。若不用命即以咒縛之」。

小角の角については、右に「ツヌ」、左に「スミ」の傍点があります。
二、青木和夫・稲岡耕二・笹山晴生・白藤禮幸校注『続日本紀』（一）新日本古典文学大系　岩波書店　一九八九年
三、直木孝次郎　他　訳注『続日本紀』一　東洋文庫　平凡社　一九八六年
四、畑井　弘『物部の伝承』吉川弘文館　昭和五十二年
五、『律令』日本思想大系　岩波書店　昭和五七年
六、『日本霊異記』　日本古典文学大系　岩波書店　昭和五二年
七、志田諄一『日本霊異記とその社会』　雄山閣　昭和五〇年
八、『本朝文粋』新日本古典文学大系　岩波書店　一九九二年

九、出雲路修校注　源為憲『三宝絵』東洋文庫　五一三　平凡社　一九九〇年
一〇、「本朝神仙伝」『往生伝・法華験記』日本思想大系　岩波書店　一九七四年
一一、『今昔物語集』一、日本古典文学大系　岩波書店　一九六五年
一二、『扶桑略記』新訂増補『国史大系』第十二巻　吉川弘文館　昭和四〇年
一三、和田英松校訂『水鏡』岩波文庫　岩波書店　昭和五年
一四、「諸山縁起」『寺社縁起』日本思想大系　岩波書店　一九七五年
一五、坂本幸男・岩本裕訳注『法華経』上中下　岩波書店　一九六七年
一六、佐和隆研編『密教辞典』法蔵館　昭和五〇年
一七、宮家　準『修験道思想の研究』　春秋社　昭和六〇年
一八、宮家　準編『修験道辞典』東京堂出版　昭和六一年
一九、博文館編集局校訂『源平盛衰記』全　博文館　明治二六年
二〇、石川　核校訂『源平盛衰記』下　有朋堂書店　明治四四年
二一、『古今著聞集』日本古典文学大系　岩波書店　一九八〇
二二、「私聚百因縁集」『大日本仏教全書』一四八　仏書刊行会　大正元年
二三、『沙石集』日本古典文学大系　岩波書店　一九六六年
二四、『元亨釈書』新訂増補『国史大系』三一巻　吉川弘文館　昭和五八年
二五、池上洵一校注『三国伝記』上、三弥井書店　昭和五一年

二六、「修験修要秘決集」『修験道章疏』二、名著出版　昭和六〇年
二七、「修験心鑑鈔」『修験道章疏』一、名著出版　昭和六〇年
二八、「深仙灌頂系譜」『修験道章疏』三、名著出版　昭和六〇年
二九、村上俊雄増訂『修験道の発達』名著出版　昭和五三年
三〇、艸山沙門不可思議『扶桑隠逸伝』上巻　県立奈良図書館蔵。
三一、「役行者本記」『修験道章疏』三、名著出版　昭和六〇年
三二、「役君顛末秘蔵記」『修験道章疏』三、名著出版　昭和六〇年
三三、「役君形生記」『修験道章疏』三、名著出版　昭和六〇年
三四、「役公徴業録」『修験道章疏』三、名著出版　昭和六〇年
三五、佐藤虎雄「役小角伝」『天理大学報』二二、昭和三一年
三六、牛窪弘善『文化史上に於ける役行者』修験社　昭和三年
三七、宮城信雅『山岳宗教の開祖、役行者』修験社　昭和一七年
三八、大伴　茂『天皇と山伏』黎明書房　昭和四一年
三九、巽　良海『修験道の歴史的考察』奈良県吉野町桜本坊　昭和五〇年
四〇、荒俣　宏『本朝幻想文学縁起』七一頁　工作社　一九八五年
四一、『木葉衣』行智　天保三年（一八三二）『踏雲録事』行智　天保七年（一八三六）
右二著は、『修験道章疏』三、また平凡社の東洋文庫　一九七五年

四二、浄瑠璃『役行者大峰桜』三好松洛・近松半二　宝暦元年（一七五一）
原道生校訂『近松半二浄瑠璃集』「一」図書刊行会　昭和六〇年
四三、高田　衛『八犬伝の世界』中公新書　昭和五五年
四四、藤　東海『役行者御伝記図会』嘉永三年（一八五〇）
奈良県吉野町山伏保存会（昭和五一年）
四五、坪内逍遙「役の行者」『逍遙選集』一　春陽堂　大正十五年。岩波文庫　一九五二年

役行者伝記文献目録

役行者の略伝が多少とも書かれている目録で、私の覚書である事をご承知下さい。

その一　明治以前

一、『続日本紀』　延暦一六年（七九八）
二、『日本霊異記』景戒　弘仁年間（八一〇〜八二三）

三、『三宝絵』源為憲が冷泉院第二皇女尊子内親王の御心を慰めるために編集した仏教説話集　永観二年（九八四）
四、『本朝文粋』藤原明衡が編集した平安中期の漢詩文の選集　長元八年（一〇三五）
五、『本朝神仙伝』大江匡房　天永二年（一一一一）
六、『扶桑略記』皇円　嘉応元年（一一六九）
七、『今昔物語』源隆国　平安時代末
八、『大峯縁起―金峯山本縁起』鎌倉時代初期（一一八七〜八九？）
九、『水鏡』中山忠親　健久年間（一一九一〜九五）
一〇、『源平盛衰記』鎌倉中期〜末期
一一、『古今著聞集』橘成季　建長六年（一二五四）
一二、『私聚百因縁集』住信　正嘉元年（一二五七）
一三、『沙石集』無住　弘安六年（一二八三）
一四、『元亨釈書』虎関師錬　元亨二年（一三二二）
一五、『金峯山秘密伝』法務僧正（文観）延元二年（一三三七）
一六、『三国伝記』応永初期（一三九四〜一四二七）
一七、『葛城』謡曲　世阿弥（一三六三〜一四四三）
一八、『壒嚢鈔』行誉　仏教を主に和漢の故事などの解説書。文安三年（一四四六）

一九、『修験修要秘決集』即伝　大永年間（一五二一〜二七）
二〇、『役行者本記』役義元　神亀元年（七二四？　一五〇一〜一五八〇）と推定
二一、『大日本史』巻二一七　方伎伝　列伝一五四　明暦三年（一六五七）
二二、『扶桑隠逸伝』元政　寛文四年（一六六四）
二三、『行者和讃』役行者を讃えた仏教歌謡（一六八四年以前か？）
二四、『修験心鑑鈔』常円　寛文十二年（一六七二）
二五、『役君形生記』秀高　天和四年（一六九二）
二六、『行者伝記、大峯記、葛木記』雲外　元禄四年（一六九一）
二七、『役君顚末秘蔵記』　天平宝字七年（七六三？）　元禄六年（一六九三）
二八、『熊野修験指南鈔』熊野別当九鬼家に伝わる文書　熊野修験道本庁　元禄六年（一六九三）
二九、『役の行者』奈良絵巻（中野荘次氏蔵）　不明
三〇、『役行者ものがたり』奈良絵巻（吉條久友氏蔵）正徳元年（一七一一）
三一、『役行者霊験記』蓮体　編年体の役行者伝　弘法大師を役行者と同一にみなしている点など他の行者伝とは異なっている　享保六年（一七二一）
三二、『金峯山雑記』秘密伝を補うために集記したもの　慈元　享保八年（一七二三）
三三、『役行者絵巻』浅井了意　貞享五年（一七四八）
三四、『役行者絵巻』（武藤家蔵）年代作者　不明

三五、『草双紙—えんの行者』　寛延二年（一七四九）
三六、浄瑠璃『役行者大峰桜』三好松洛・近松半二　宝暦元年（一七五一）
三七、『役公徴業録』祐誠玄明　明和七年（一七七〇）
三八、『うづら衣・鬼伝』江戸後期の俳文集　横井也有　天明五年～文政六年（一七八五～一八二三）
三九、『役行者私記』　寛政八年（一七九六）
四〇、『古事記伝』本居宣長　寛政十年（一七九八）
四一、『木葉衣』行智の修験道解説書　天保三年（一八三二）
四二、『踏雲録事』行智　修験山伏の来歴書　『木葉衣』の姉妹編　天保七年（一八三六）
右二著は、平凡社の東洋文庫（一九七五）に収録されている。
四三、『役行者御伝記図会』（『役行者御利生図会』）　藤　東海　役行者事跡の物語風の絵本嘉永三年（一八五〇）

その二　明治以降

一、岩谷白嶺「尊王護国民衆善導の役公行者」『千寿文圃』　明治九年
二、鷲尾順敬「役小角」『仏教史林』二—二一、四七頁　明治二八年十二月
三、玉里仙『大峰山役行者御一代利生記』発行者　松本善助　明治三〇年六月

四、津田実英『茅原山役小角独鈷三光』　明治三三年四月
五、広安恭寿『役行者御伝記』　藤井文政堂　明治四十一年
六、森　憲証「役行者行状記」外、『修験』二二　明治四四年二月
七、水木要太郎「吉野山と役行者」一～四、『神変』二三～二六　明治四四年三～六月
八、五鬼継義円「神変大菩薩和讃」『神変』三九　明治四五年
九、林田光輝「役行者およびその密教」上下、『神変』六三・六四　大正三年七、八月
一〇、上田円照「大峯山に於ける役行者の宗教」『密教』四―四　大正四年三月
一一、「役君形生記」『神変』　八三～八八　大正五年三～八
一二、牛窪弘善「役行者及びその密教」『神変』一〇一～一〇四、一二六～一二九、一三五～一三七、
　一四〇、一四五、一四六、　大正六年九月～十年六月
一三、牛窪弘善「役行者伝関係事類」『神変』一六二　大正十一年十二月
一四、一記者　「役行者霊験記」『神変』一九五　大正十四年七月
一五、坪内逍遙「役の行者」「行者と女魔」逍遙選集第一　春陽堂　大正十五年
一六、加藤玄智「一言主に関する考察」『神道学雑誌』一　大正十五年十月
一七、白鷗漁史「役行者と一言主神」『中央史壇』一二―一二　大正十五年十二月
一八、牛窪弘善『文化史上に於ける役行者』修験社　昭和三年
一九、中里龍雄「役行者と大峯伝説」『旅と伝説』一～五・六・八～一二　昭和三年・五、六、八～十二月

二〇、中里龍雄「白専女と役小角考」『国学院雑誌』三五—八・一一　昭和四年八、一一月
二一、山田文造『役行者』　昭和四年
二二、海浦僧正編『神変大菩薩』實録　一巻
二三、津田左右吉「役行者伝説考」『史潮』一—三　昭和六年十月
二四、福塚春芳『役行者御奇跡』　昭和六年
二五、牛窪弘善「役行者伝」（一〜九）『神変』二七七　昭和七年五月〜八年十二月
二六、牛窪弘善「神変大菩薩」『修験特輯』五三　昭和七年
二七、坪内逍遙「神変大菩薩伝」『芸術殿』　昭和七年一〜五月号
二八、大三輪信哉「思想困難に直面せる役行者」『日本及び日本人』二四九　昭和七年五月
二九、中里龍雄「役行者諸国物語」『修験』五四、五八　昭和七年五月、昭和八年一月
三〇、大三輪信哉「役行者の生涯」『日本及び日本人』二五〇　昭和七年六月
三一、牛窪弘善「行者の遺跡を尋ねて」『修験』六一　昭和八年七月
三二、岡田戒玉「役行者の教風」『神変』三〇七　昭和九年十月
三三、大島天愚「前鬼後鬼の正体」『修験』七〇　昭和一〇年一月
三四、村上俊雄「役行者」『宗教研究』新十二—五　昭和一〇年九月
三五、中山太郎「役行者と密教」『歴史公論』四—十一　昭和一〇年十一月
三六、大三輪天愚『神変大菩薩』興教書院　昭和一一年

三七、菊地　寛「役行者」『日本英雄伝』　巻二　非凡閣　昭和一一年
三八、宮城信雅『山岳宗教の開祖、役行者』修験社　昭和一七年
三九、津田左右吉「役行者伝説考」『日本の神道』二十　昭和二四年
四〇、香原一勢「役ノ小角の津波の戒め」『日本歴史』三〇　昭和二五年十一月
四一、坪内逍遙『役行者』岩波文庫　一九五二
四二、平原地堂『役行者』文化時報社　昭和三一年
四三、佐藤虎雄「役小角伝」『天理大学報』二二　昭和三一年八月
四四、筒井英俊「役小角・良弁僧正と笠の荒神（一）『大和文化研究』六（七）　昭和三一年
四五、司馬遼太郎「役の行者」『吉野風土記』第六集九三～一〇二頁　吉野史談会　昭和三三年
四六、大伴　茂『天皇と山伏』黎明書房　昭和四一年
四七、佐藤りつ「役行者に対する讒言者の説」『上代文学研究会報』一四　昭和四一年
四八、渡辺楽二「役行者神変大菩薩」一、二　『神変』七一五、七一六　昭和四四年
四九、杜山　悠「山陰の回峰行者」『歴史読本』第一四巻八号　五〇～五九頁　昭和四三年
五〇、仲田順和「役行者略年表」『神変』七二四　昭和四五年九月
五一、井口炸林「前鬼後鬼物語」『神変』七二四　昭和四五年九月
五二、和歌森太郎『修験道史研究』　二二一～五四頁　東洋文庫　一九七二
五三、和歌森太郎「役行者―民衆の信望を集めた呪術師」『日本史の虚像と実像』

一二六～一三二頁　毎日新聞社　昭和四七年
五四、黒岩重吾「葛城の王者」『歴史と人物』二四六～二七〇頁　七月号　昭和四九年
五五、志田諄一「道昭と役の行者」『日本霊異記とその社会』六八～七一頁　雄山閣　昭和五〇年
五六、巽　良海「国文学に現れた役行者」『修験道の歴史的考察』奈良県吉野町桜本坊　昭和五〇年
五七、知切光蔵「役行者と大峯前鬼後鬼」『仙人の研究』二九六～三〇六頁　大陸書房　昭和五一年
五八、宮本袈裟雄「役小角」和歌森太郎編『日本宗教史の謎』上　一二五～一三三頁　佼成出版社
昭和五一年
五九、村岡　空「役行者」『狂気の系譜』伝統と現代社　昭和五二年
六〇、西郷信綱「役行者考―古代における亡命のこと―神話と国家」『古代論集』平凡社　昭和五二年
六一、宮家　準「役小角伝承の展開と修験道」成田山仏教研究所紀要第四号　昭和五四年
後に『修験道思想の研究』春秋社　昭和六〇年収載
六二、栗田　勇「山の信仰と役行者」『熊野・高野・冥府の旅』九～二三頁　新潮社　昭和五四年
六三、松倉康之「役行者と土俗信仰」『歴史と人物』一三〇号　七〇～五頁　昭和五七年
六四、上田正昭「役行者の原像」『古代の道教と朝鮮文化』人文書院　一九八九
六五、宮元啓一「役小角」『日本奇僧伝』東京書籍　昭和六〇年
六六、山折哲雄「役小角」『仏教説話大系』第三二巻　五〇～五一頁　すずき出版　一九八五年
六七、村山修一「役小角の研究」『愛知学院大学文学部紀要』第一五号　一九八五年

六八、二荒久能「月と修験道」『トワイライトゾーン』
前編、闇の司霊者役小角の謎　七月号　三〇〜五一頁
後編、抹殺された月神と役小角　八月号　三〇〜五〇頁　昭和六一年
六九、神山　登「役行者の信仰とその尊像」『大阪市立博物館研究紀要』第一八冊　一九八六
七〇、久保田展弘「役行者と葛城宗教圏」『歴史読本』三一巻二二号　二六九〜二七七頁　昭和六一年
七一、横田健一「役行者と葛城山」『古代日本の山と信仰』五一〜八三頁　学生社　昭和六二年
七二、浅田　隆〈近代文学と奈良〉「坪内逍遙「役の行者」と行者伝説」『青須我波良』第三三号
昭和六二年
七三、久保田展弘「役行者という修験者」『歴史読本』一月号　一九〇〜一九七頁　昭和六四年
七四、岡本孝道「役行者」一〜九、『本山修験』九五〜一〇三号　昭和六二〜平成元年
七五、銭谷武平『役行者ものがたり』人文書院　一九九一
七六、大星光史「修験道の祖―役小角」『日本の仙人たち』東京書籍　一九九一
七七、村山修一「役小角」『修験の世界』人文書院　一九九二
七八、山本ひろ子「熊野詣篇　役行者」『大荒神頌』七〜六一頁　岩波書店　一九九三

次の目録が参考になる。

宮本袈裟雄編「山岳宗教文献総目録」桜井徳太郎編『山岳宗教と民間信仰の研究』四七九〜五三九頁　名著出版　昭和五一年。

山岳修験学会『山岳修験』の巻末の修験道関係文献目録。

役行者略年表

この年表の作成には、『役行者本記』『形生記』『徴業録』および『深仙灌頂系譜』から主な事項をあげた。それぞれ出典は、（本）（形）（徴）（深）と略記した。

和暦（西暦）	聖寿	事歴
舒明 六年（六三四）	一歳	正月一日役小角大和国葛上郡茅原誕生（本・形・深）
		十月二十八日誕生（徴）
一二年（六四〇）	七歳	仏道に帰依する（形）
皇極 二年（六四三）	一〇歳	金剛山に登る（深）
大化 二年（六四六）	一三歳	毎夜葛城に登り暁に帰る（本）
三年（六四七）	一四歳	諸法は皆これ空と悟り仏教に帰依（徴）
五年（六四九）	一六歳	生駒山にて前後鬼を従える（形）
白雉 元年（六五〇）	一七歳	家を出て葛城山で修行（本）
		叔父願行について出家、得度（徴）
		叔父願慶にしたがい出家、得度（深）
三年（六五二）	一九歳	小角、熊野から大峯にいる（徴）
		初めて熊野山に詣る（深）
四年（六五三）	二〇歳	春、熊野から大峯―順峯の始め（深）
		秋七月金峯山から熊野―逆峯の始め（深）

	五年（六五四）	二一歳	箕面の滝で龍樹菩薩によって灌頂（形）
斉明	四年（六五八）	二五歳	生駒髪断山にて二鬼を済度す（徴）
天智	四年（六六五）	三二歳	四月五日箕面滝で龍樹の霊験（本・徴・深）
	六年（六六七）	三四歳	家を捨て沙門、葛城山に籠もる（形）
	七年（六六八）	三五歳	初めて大峯に登り三生の骸骨にあう（本・徴）
	九年（六七〇）	三七歳	山城笠置山修行、竹林寺建立（本）
	一〇年（六七一）	三八歳	芳野寺を建て本院と称す（本）
			四月山上にて蔵王権現を感得（本）
			山城兎道里に御室渡寺を建てる（本）
			海住山を開基（本）
天武	元年（六七二）	三九歳	生駒にて善童鬼・妙童鬼を従える（本）
	二年（六七三）	四〇歳	伊勢の両宮に詣る（本）
			葛城山麓に金剛山寺を建てる（本）
			小角は万法蔵院の当麻移転に用地を喜捨（徴）
	四年（六七五）	四二歳	生駒寺を建てる（本）
			山城相楽郡の鷲峯山を開き弥勒大士を安置（徴）
	九年（六八〇）	四七歳	大峯深山にて十界輪円の妙道に達す（本）
	一〇年（六八一）	四八歳	春二月万法蔵院完成し、禅林寺と改める（徴）
	一一年（六八二）	四九歳	朝廷に乞い箕面寺を建立（形・徴）
	一二年（六八三）	五〇歳	熊野三社に赴き玉置山にて護摩供養（本）

朱鳥	元年（六八六）	五三歳	生家を茅原寺と称す（本）
持統	九年（六九五）	六二歳	小角、一言主神に石橋の工事を命ず（本）
	一〇年（六九六）	六三歳	小角、龍樹に会い凡身即仏の旨を悟る（徴）
文武	元年（六九七）	六四歳	岩橋を造る事を一言主神らに命ず（形）
	三年（六九九）	六六歳	夏五月伊豆大島へ配流（本・徴）
	四年（七〇〇）	六七歳	冬十月小角に死刑の宣告（本・徴）
大宝	元年（七〇一）	六八歳	春正月帰国、大峯にて父母報恩の供養、辞去に際し、金剛蔵王を示現、十五童子が涌出（徴）
			無罪帰国、六月七日母と共に昇天（本・徴・深）
			二月死刑宣告、無罪帰国、箕面寺に住む（形）
	二年（七〇二）	六九歳	箕面の戌亥峯から大唐へ飛び去る（深）
	三年（七〇三）	七〇歳	小角は唐に渡る（形）
寛政	一一年（一七九九）		正月二五日、光格天皇から神変大菩薩の贈名を賜う

あとがき

病気退職し、病床を離れて生かされている自分を発見し、やっておきたいことを考えた時、祖父や両親から絶えず聞かされた言葉「役行者のお陰」を改めて心に銘記するとともに役小角の教えや事跡について深く知りたいという思いにかられました。しかし、私は宗教や歴史の全くの門外漢です。改めて、役行者の教えや伝記など事績の調査をはじめることにしました。そこでまず、役行者が活躍した時代の歴史世相を知るために、彼の生涯と前後もふくめた年代について『日本書紀』『続日本紀』をくりかえしよむことからはじめました。

幸いなことに、昭和六十年に『修験道章疏』三巻が復刻され、多くの行者伝を知り大変に参考になりました。一方、役行者の教えや人物・呪術、当時の世情などをしりたいと、修験道・神仙・呪術から隠遁・漂泊者、さらに本草学まで、なんでも役行者に関連のある情報を集めることにしました。役行者の説話伝承は、江戸時代の頃にはほとんど出尽くしていると思いました。

伝記はほとんど漢文で書かれ、仏教用語を含んで理解するのもむつかしいことが多く、そのまま和訳しても、意味が通じ難いと思われる部分は、自分なりに意訳をしました。役行者をひろく知ってほしいと考えて編集したため、内容は重複していることが多いと思います。省略することができなかったので、この点についてはご了承をお願いします。

この伝記集の編集には、多くの文献資料を参考にさせていただきました。ここに改めて、これらの著者の方々に対しまして深く感謝の意を表します。特に、江戸期、すでに散逸した資料を探し集め、伝記執筆の孤独の作業に、精魂をつくされた修験の僧やお先達のご苦労を想い、心から深く敬意を表したいと思います。

今回の出版にいたりましたのは、東方出版今東成人社長の温かいご配慮によるもので、また編集に関しては板倉敬則氏に大変お世話になりました。ここに深く感謝の意を表します。なお、図版資料については、特に石馬祖俊氏・西浦誠晤氏・出水元一氏のお世話になり厚くお礼を申し上げます。役行者をよりひろく知っていただきたいとの願いから、伝記集としてまとめあげましたが、あるいは過ちをおかしていないかと懸念しております。もしお気づきのことがありましたら、よろしくご教示のほどをお願い申し上げます。

今後とも、各地に伝わる役行者の伝説・伝承・民話などの収集をつづけたいと思っています。これらの点について、何かとご教示下さるように御願いを申し上げます。

平成六年　九月二五日

著　者

銭谷武平《ぜにたに・ぶへい》

1920年、奈良県吉野郡天川村洞川に生まれる。九州大学農学部卒業、長崎大学名誉教授、農学博士。退職後、『陀羅尼助一伝承から科学まで』（1986年、薬日新聞社刊、共著）・『役行者ものがたり』（1991年、人文書院）・『役行者伝記集成』（1994年、東方出版）・『役行者伝の謎』（1996年、東方出版）・『大峯こぼれ話』（1997年、東方出版）・『畔田翠山伝』（1998年、東方出版）・『大峯縁起』（2008年、東方出版）『大峯今昔』（2012年、東方出版）を著し、また大峯山系の自然誌などの調査をつづけた。2013年４月逝去。

役行者伝記集成《えんのぎょうじゃでんきしゅうせい》 新装版

1994年（平成６年）12月25日　初版第１刷発行
2016年（平成28年）12月25日　新装版第１刷発行

著　者——銭谷武平

発行者——稲川博久

発行所——東方出版㈱
〒543-0062　大阪市天王寺区逢阪2-3-2
Tel. 06-6779-9571　Fax. 06-6779-9573

装　丁——森本良成

印刷所——亜細亜印刷㈱

落丁・乱丁はおとりかえいたします。

ISBN978-4-86249-277-7

大峯今昔	銭谷武平	二、〇〇〇円
大峯縁起	銭谷武平	二、五〇〇円
大峯こぼれ話	銭谷武平	二、〇〇〇円
古代天皇誌	千田　稔	二、〇〇〇円
古代の風景へ	千田　稔	二、〇〇〇円
大安寺の歴史を探る　大安寺歴史講座2	森下惠介	一、四〇〇円
仏像の秘密を読む	山崎隆之	一、八〇〇円

表示の価格は消費税抜きの本体価格です。